Francisco de Quevedo

Presentes sucesiones de difunto

Antología poética

© Edición de Lucas Martí Domken
© Pintura de Juan van der Hamen (pág 3)
© Árdora Ediciones-2026
Diseño de Colección e interiores: Rocío Areán
Impresión y encuadernación: Duocromo

ISBN: 978-84-88020-91-8
D.L: M-12000-2026

CONSEJO EDITOR DE LA COLECCIÓN:
Vicenç Altaió, Noni Benegas, Daniel Bolado, Julia Castillo,
José Luis Gallero, Mar García Lozano, José María Parreño.
Con el apoyo de AMAR (Amigos de Árdora).

FSC
FSC® C011032

PEFC
PEFC/14-33-00002

ÍNDICE

PRÓLOGO. Quevedo, alma escindida — 13

VIVIR MURIENDO — 29
Represéntase la brevedad de lo que se vive y cuán nada — 31
parece lo que se vivió
Descuido del divertido vivir a quien la muerte — 32
llega impensada
Conoce la diligencia con que se acerca la muerte y procura — 33
conocer también la conveniencia de su venida, y aprove-
charse de ese conocimiento
Signifícase la propria brevedad de la vida, sin pensar, y con — 34
padecer, salteada de la muerte
Repite la fragilidad de la vida y señala sus engaños y sus — 35
enemigos
Desde la Torre — 36
Enseña cómo todas las cosas avisan de la muerte — 35
Arrepentimiento y lágrimas debidas al engaño de la vida — 37
Conoce las fuerzas del tiempo y el ser ejecutivo cobrador — 39
de la muerte

FISIS — 40
Túmulo de la mariposa — 43
A un ramo que se desgajó con el peso de su fruta — 45
Letrilla lírica [I] — 47
Al ruiseñor — 50
Amante que hace lección para aprender a amar de maestros — 51
irracionales
Ardor disimulado de amante — 52
Himno a las estrellas — 53

Letrilla lírica [II]   56
A la puerta de Aminta   58

AMOR   59
Soneto amoroso definiendo el amor   61
Amante ausente del sujeto amado después de larga navegación   62
Compara con el Etna las propiedades de su amor   63
Exageraciones de su fuego, de su llanto, de sus suspiros y   64
de sus penas
No se disculpa, como los necios amantes, de atreverse a   65
amar; antes persuade a ser superior hermosura la que no
permite resistencia para ser amada
Ausente, se halla en pena más rigurosa que tántalo   66
Compara el curso de su amor con el de un arroyo   67
Finge dentro de sí un infierno, cuyas penas procura mitigar   68
como Orfeo con la música de su canto, pero sin provecho
Filosofía con que intenta probar que a un mismo tiempo   69
puede un sujeto amar a dos
Soneto amoroso [I]   70
Soneto amoroso [II]   71
Soneto amoroso [III]   72
Rendimiento de amante desterrado que se deja en poder de   73
su tristeza
Soneto amoroso [IV]   74
A las cenizas de un amante puestas en un reloj   75
Amor constante más allá de la muerte   76
Soneto amoroso [V]   77
Soneto amoroso [VI]   78

LA AMADA   79
Retrato de Lisi que traía en una sortija   81
Error acertado en condición mudable   82

Contraposición amorosa 83
Alma en prisión de oro 84
Sueño 85
Amante agradecido a las lisonjas mentirosas de un sueño 88
Amor de sola una vista nace, vive, crece y se perpetúa 89
[A Lisis] 90
A Aminta que, teniendo un clavel en la boca, por morderle 92
se mordió los labios y salió sangre
Dificulta el retratar una grande hermosura que se lo había 93
mandado y enseña el modo que solo alcanza para que fuese
posible
Ceniza en la frente de Aminta el miércoles della 94
Comunicación de amor invisible por los ojos 95
A una dama bizca y hermosa 96
Venganza en figura de consejo a la hermosura pasada 97
Con ejemplos muestra a flora la brevedad de la hermosura 98
para no malograrla

Rica pobreza 99
El escarmiento 101
Enseña cómo no es rico el que tiene mucho caudal 106
Peligro del que sube muy alto, y más si es por la caída de otro 107
A un amigo que retirado de la corte pasó su edad 108
Desconsuela al poderoso que aflige y desfavorece a alguno 109
por vengarse, y enseña al perseguido cómo le desprecie
Felicidad barata y artificiosa del pobre 110
Que la pobreza es medicina barata y descuido seguro de peligros 111

Tinta corrosiva 113
Hastío de un casado al tercero día 115
Un casado se ríe del adúltero que le paga el gozar con susto 116
lo que a él le sobra

A un hombre casado y pobre   117
Desnuda a la mujer de la mayor parte ajena que la compone   118
Pinta el «Aquí fue Troya» de la hermosura   119
Mañoso artificio de vieja desdentada   120
Calvo que no quiere encabellarse   121
Varios linajes de calvas   122
A una mujer flaca   126
A una moza hermosa que comía barro   130
Boda de negros   131
Desengaño de las mujeres   134
Epitafio a un italiano llamado Julio   135
A un bujarrón   136

GÓNGORA   139
Respuesta de Don Francisco de Quevedo a Don Luis de   141
Góngora
Soneto   146
Contra el mesmo   147
Al mesmo   148

BAJOS FONDOS   153
Carta de Escarramán a la Méndez   155
Respuesta de la Méndez a Escarramán   159
Carta de la Perala a Lampuga, su bravo   165
Respuesta de Lampuga a la Perala   169
Las estafadoras   174
Letrilla satírica   176
Los nadadores   179

PRÓLOGO
QUEVEDO, ALMA ESCINDIDA

Alma escindida la suya, nadie puede decir con seguridad cuál es la verdadera personalidad de Quevedo, hombre de extremos, y en esto buen ejemplar de español.

Ángel del Río
Historia de la literatura española

I.

LUCES

«¡Ah de la vida!... ¿Nadie me responde?», clama Quevedo a un cielo impasible. El dolor de vivir concentrado en ese *Ah* germinal, mezcla de asombro y pena. El poeta, que se sentía elegido, de pronto descubre un muro de silencio que alcanza las estrellas. El choque con la frente produce un lánguido y discreto quejido, una especie de revelación negativa que concluye con una pregunta: «¿Nadie me responde?» ¿Pero quién, Quevedo, debe responderte? ¿Dios? «Nadie me responde». ¿Dios es Nadie? ¿Dios es la Nada?, ¿el pozo universal donde van a caer nuestras palabras? ¿Y qué fuerza nos impulsa a cantar a eso que no está? ¿No es acaso el amor? *Nadie* responde. ¿Hay algo más doloroso para el enamorado que la indiferencia de la cosa amada? Quevedo, ese amante despechado por un amor imposible. Pues imposible es la vida. Bastara una sola palabra para perdonar sus desaires. Pero *nadie* responde; en lugar de esperanza, silencio: MUERTE. La nada retrocede al interior de la madriguera y la ilusión de inmortalidad se desvanece. *Ah de la vida*, ¿qué diseño cruel obliga a la belleza a marchitarse? ¿Y por qué el hombre es el testigo por antonomasia de esa rueda infernal? Resuena el «Ah» de la vida, quizás un esbozo, el principio de una respuesta, esa interjección que parece caer dentro de sí, como un pozo en un pozo, arrastrando consigo al observador, la víctima humana de la expulsión del círculo paradisíaco.

Quevedo, atormentado por la idea de recorrer un anillo que, aun formando parte de él, solo cabía contemplar desde fuera, siempre trató de adelantarse al irremediable final, para así adivinar sus contornos y aliviar la angustia de la espera. Toda su obra se nutre de ese sufrimiento, esa carrera a un ocaso donde esperaba cazar una respuesta y regresar a tiempo para vivir muriendo, esto es, sabiendo. Aquel monosilábico suspiro, resplandor de la conciencia, constituye la raíz de su obra, el amor que el poeta hizo crecer como palabra con sentido, flor teñida a un tiempo de una lúgubre moral cristiana y atracción por la muerte típicamente española (¿o no llamó Lorca a sus compatriotas «contempladores de la muerte» y señaló: «España es el único país donde la muerte es el espectáculo nacional, donde la muerte toca largos clarines a la llegada de las primaveras...»?).

Ahora bien, ¿se concluye de esa fascinación por la muerte que Quevedo era un «gran nihilista», tal y como sostuvo Américo Castro? ¿De verdad negó la vida, «odió la realidad y dudó de ella»? Esta perspectiva no solo queda en entredicho por la desmesurada existencia del poeta, siempre en busca de la aventura (fue un notable espadachín e incluso organizó una revuelta en Venecia para facilitar una hipotética invasión española), sino por muchos de sus poemas: ¿o acaso un nihilista habría descrito las estrellas como «letras de luz, misterios encendidos»? No hay que confundir atracción por la muerte con pesimismo ni escepticismo. Al revés: al obsesionarse con el gran enigma, Quevedo trató de explicar la vida, su condición de milagro, de imposible (amor); quiso aleccionarnos sobre su realidad, esto es, su verdad, para así señalar la preciosidad del tiempo. El nihilismo, en cambio, se da por vencido *antes de tiempo* porque no soporta existir sin la ilusión de un horizonte de sentido que preceda a la humanidad. Quevedo, en cambio, acepta el terrible hecho de que el hombre «en viviendo, cayó en tierra». De ahí esa obsesión por recordar —incluso «adelantarse a la memoria»— de que se «vive muriendo».

En ese sentido, la poesía de Quevedo constituye una especie de ética no sobre la memoria de trivialidades personales, sino de la esencia regenerativa del ser. Según el poeta, el proceso de aprendizaje o de hacer memoria es también un proceso de escarmiento, esto es, el aprendiz «escarmienta» el tiempo perdido para concentrarse en lo esencial: uno mismo en cuanto testigo privilegiado de lo real. Por tanto, antes que nihilista, deberíamos inscribirlo en la poco conocida escuela del *nadismo*, esa corriente concebida por Unamuno, para quien la inclinación por la Nada se ajustaba mejor al espíritu español (no en balde, Quevedo titula el poema sobre el que orbita este prólogo: «Represéntase la brevedad de lo que se vive y cuán NADA parece lo que se vivió»). Puesto que la nada, en sus orígenes, se refiere a «cosa nacida», esto es, todo, Quevedo, al lamentar los estragos del tiempo y la aparente falta de respuestas, al revolverse en su angustia e impotencia ante una realidad autónoma, no despreciaba el mundo ni su realidad; no clamaba, como los nihilistas, que todo era en vano, sino que absorbía y describía (o contemplaba como aficionado de la muerte) la fundamental indefinición de la existencia, pues hay vida en la muerte, y muerte en la vida, o como termina *El Escarmiento*: «Su tumba fue su amada [...] *Aquí goza donde yace*».

Pero, por encima de todo, Quevedo (al menos una mitad de su «alma escindida») fue uno de esos «bienaventurados» «cuya pasión es el conocimiento» (Zambrano); y su devoción por la sabiduría era tal que no hubo día en que, con la esperanza de ser respondido, se descuidara de lanzar una pregunta al cielo. Su dolor, como el de Job —como el de Unamuno—, radicaba en que esa respuesta no llegaba. Al revés: se alejaba, pues está en su naturaleza atraer a sus perseguidores hasta que estos se precipitan dentro de su propia nada y *dan*, en su persecución amorosa, la provisional respuesta. ¿Cómo explicar si no esos significativos puntos suspensivos que discurren entre el «¡Ah de la vida!» y el «¿Nadie me responde?», ese puente de esperanza entre grito y silencio, esas huellas de paloma que parecen ilustrar los pasos del poeta en busca de la amada. Ah, pero pasan los años, y el deseado encuentro o, a lo menos, la confirmación de un interlocutor, no se produce. El poeta solo recibe tiempo, y a él se aferra para darle cuerpo —cuerpo de palabra—

a su amor sin objeto (o con objeto absoluto). Se desliza el tiempo a través de sus ojos y arrastra consigo una pasión hasta desangrarla. En esa muerte agónica, el lúcido amante anticipa su última verdad:

Vive muerte callada y divertida
la vida misma; la salud es guerra
de su proprio alimento combatida.

Se vive muriendo, pero hay quienes viven muriendo con pasión, y hay quienes viven y no mueren (o nacen «para morir comiendo» como le dijo don Quijote a Sancho). Son los primeros los héroes, los mortales enamorados de la vida, y por eso Quevedo pudo decir aquello de que su fin era convertirse en «polvo enamorado», o sea: cuanto queda del «puro amante» no es la persona, sino su enamoramiento. Y al quedar ese polvo de «sentido», Quevedo se eternizó en el presente, como proceso inmortal, de Quevedo respondiendo a Quevedo para siempre, en sus lectores.

Quevedo se refirió al paso de la vida como «mis tiempos»; no un tiempo general, abstracto, quimérico; sino un tiempo personal, unas *horas* entregadas a quienes salen a la luz del mundo, y que cada cual es responsable de exprimir para «probar» el grado de amor que se le tiene a la vida. El cuerpo existe en un tiempo sin parada («¿Cuándo, pues, se acabarán los trabajos? Necio es quien les espera otro fin, sino el desta vida», escribe Quevedo en una carta), pero que se renueva en nosotros, en cuanto hacemos, y por eso, como entes que viven muriendo, como hojas de un libro que se escribe a diario, somos las «presentes sucesiones de difunto». Y aquí «presentes» debe entenderse en su doble sentido: en cuanto ser del presente, del ahora; y en cuanto ser que se halla presente, o que está en el mundo. Nos sucedemos a nosotros mismos y esas *sucesiones* —y cuanto en ellas hacemos y decimos— son nuestros tiempos. Como proceso, por tanto, anhelamos duración y, sin movernos de nosotros mismos, atamos a nuestro nombre cada nosotros que ha sido.

El nombre QUEVEDO, por ejemplo, cifra hoy esa barca que, sin moverse de lugar, flota en todos los hispanohablantes. Es Quevedo anticipando a QUEVEDO quien dice que las horas «cavan en mi vivir mi monumento». Y ese tiempo, siendo personal, se genera en forma de leyenda poeta; queda atrapado como las «cenizas de un amante puestas en un reloj»:

> Tú mismo constituyes tu destino:
> pues por días, por horas, por minutos,
> eternizas tu propio sentimiento.

El tiempo se halla en la mano de cada cual, como lo vio Quevedo. Es un tiempo heredado que, como vivos murientes, somos responsables de regenerar. Y por eso quien lo despilfarra en vanidades o modas pasajeras incurre en sacrilegio: muere viviendo. Es en la pobreza de las cosas («Tengo celos de mi pobreza...» dice Nietzsche por boca de Zaratustra), en el estudio de la sencillez, donde afinaremos el oído y aprenderemos a escuchar a los difuntos, que «al sueño de la vida hablan despiertos». ¿Dónde dijo esto? «Desde la Torre»:

> Retirado en la paz de estos desiertos,
> con pocos, pero doctos libros juntos,
> vivo en conversación con los difuntos
> y escucho con mis ojos a los muertos.

Es la torre de los libros, pero también la *Torre de la canción* que acoge al cantautor canadiense Leonard Cohen:

Me vuelve loco el amor, pero no le ando detrás
Me limito a pagar cada día el alquiler en la torre de la canción[1]

O es el faro del poeta Miguel Labordeta:

En lo alto del Faro
amando
sabiendo que el amor es un fracaso
y cantando
sabiendo que su canto no ha de ser comprendido.
[...]
En lo alto del Faro.
La voz del poeta.
Incansable holocausto.

¿No se despliega aquí también una sucesión de Quevedos? Es la voz del poeta. Un solo Poeta para infinitas sucesiones de poetas en este «incansable holocausto», ese vivir muriendo, ese fracaso al que solo se le puede cantar, no retener. Locos de amor a la vida («La vida es una aventura, un lujo», afirma Carlos Oroza), encaramados a una torre, solitarios acompañados de su locura de amor. Desde la torre o el faro se le canta a la vida, y se la escucha en «fuga irrevocable» hacia esa nada que es cosa renaciéndose; desde ahí uno se entrega a ella como Don Quijote con Dulcinea: no buscando el placer propio, sino conquistándole el mundo; y para ella, la hora que mejor «cuenta» es la «que en la lección y estudios nos mejora». Quevedo aprendió que era un «sepulcro de mí mismo», «hombre

---

1 *And I'm crazy for love, but I'm not comin' on / I'm just payin' my rent every day, in the tower of song.*

que viviendo muere», y por eso, al igual que Montaigne (su autor favorito, a quien llamaba el «señor de la Montaña»), se preparó para recibir la muerte, como «espectador» solitario en primera fila, seguro de que todo cuanto se necesita para ser oído se encuentra ya en uno mismo:

Vive para ti solo, si pudieres;
pues solo para ti, si mueres, mueres.

Quevedo, al atreverse a cantar tan alto a lo que no contesta, se fundió en la voz del Poeta y por eso «en sus amores se deshace», y sus amores no son solo mujeres ideales —las Lauras, las Amintas, las Lisis...—, sino también un rosal, un pájaro solitario —«átomo volador»—, las estrellas, las montañas... En todo ello late el amor y Quevedo no hace sino darles voz, deshacerse en ellos, desaparecer en sus abismos. Pues para él, el amor es «omnipotencia padecida», «enfermedad que crece si es curada». Fue un gran enamorado de la vida, un gran loco, un gran enfermo de amor:

Yo me seré epitafio al caminante,
pues le dirá, sin vida, el rostro mío:
«Ya fue gloria de Amor hacerme guerra».

¡Ya fue gloria de Amor hacerme guerra! La gloria de sentirse existente es abrirse a la guerra de la vida, la continua lucha entre contrarios que, en su regeneración, forma la síntesis gloriosa del mundo. Quevedo se rige por las «leyes de flor», que ofrecen belleza en su irremediable holocausto. Leyes sencillas pero que la sociedad moderna, incapaz de afrontar el silencio ni la duración de los puntos suspensivos, oculta con sus ansias de seguridad, riqueza y *actualidad.* Por eso, en definitiva, el poeta nos anima a «descifrar las mentiras del tesoro», pues

te dilatas cuanto más te estrechas.

Ahora bien, una luz brilla en proporción a la sombra que esclarece; o como dijo Luis Astrana Marín de nuestro Quevedo: a pesar de su genio, «le duele el habla y le pesa la sombra»...

II.

SOMBRAS

Tal y como afirma el gran historiador de la literatura española, Ángel del Río, Quevedo «personifica, con mayor intensidad que ninguno de sus contemporáneos, la antítesis barroca». Algo parecido declara Ferrater Mora en su *Diccionario de Filosofía* cuando en la voz dedicada a nuestro poeta afirma que le interesaba «la vida humana en conflicto consigo misma». Personalidad «hecha de contrastes», el propio Ángel del Río concluye que «hay muchos Quevedos», y que en él «la dualidad entre acción y desengaño es todavía más marcada». Hay el Quevedo de la Torre, el Quevedo celestial, el Quevedo enamorado..., pero también el Quevedo cruel, el Quevedo «insatisfecho», a quien «esta vida de acá abajo no le contenta» (Américo Castro). Pues si hemos de creer a Ortega y Gasset cuando dice aquel su famoso «yo soy yo y mis circunstancias», Quevedo es él, el poeta, y el Imperio español a punto de naufragar; encarna «el espejo de la contradicción de su tiempo».

María Zambrano, al reflexionar sobre Unamuno, recae necesariamente en Quevedo como predecesor del escritor vasco, pues antes que este, Quevedo fue «el último español que habló tanto y tan alto». Y como bien dice la filósofa, su grito «exasperado», al igual que el de Unamuno, representa un «caso extremo de conciencia histórica»:

> Diríase que siente igual melancolía por la vejez histórica de España, igual ternura desesperada que ante el envejecimiento de su madre.

Conciencia histórica que le hace decir: «En cuanto a mi España, no puedo hablar sin dolor». Quevedo, manifiesta Zambrano, es el «último que habla en español [...] del alma española», y, por encima todo, lo hace «desde el centro del mundo». A partir de él, España resbalará lenta pero ineluctablemente a la «periferia», al pensamiento provinciano. La conciencia de ese declive marcará al orgulloso poeta, de modo que se forjará en el «príncipe del ingenio español» un espíritu desilusionado y furibundo, que estalla en risa amarga. Tal vez Góngora fuera un chivo expiatorio de esa cólera y amargura quevedesca, hasta el punto de ser desahuciado por su mayor enemigo («Y págalo Quevedo / porque compró la casa en que vivías...»). En sus atroces dardos al poeta cordobés («toda mi vida consagro / a decir mal de tus cosas»), las palabras, aunque burlonas, adquieren un tinte desquiciado:

> Tu forasteridad es tan eximia,
> que te ha de detractar el que te rumia,
> pues ructas viscerable cacoquimia,
>
> farmacofolorando como numia,
> si estomacabundancia das tan nimia,
> metamorfoseando el arcadumia

Ahora bien, con sus ataques a Góngora, ¿no se hería a sí mismo? El propio Lorca dijo de Quevedo, y con razón, que era «más difícil que Góngora, puesto que usa no el idioma, sino el espíritu del idioma». Su actitud trasluce también un rígido chovinismo, así como el miedo a que la pureza de la sangre española no fuera tal:

> Cristiano viejo no eres,
> porque aún no te vemos cano;
> hi de algo, eso sin duda,
> pero con duda hidalgo.

Y si hubo un Quevedo que canta a la mujer como personificación de la belleza, también hubo un Quevedo que hoy llamaríamos desde misógino hasta descaradamente racista u homófobo. De todas esas facetas —ese «campo de contradicciones» (Castro)— he querido dar cuenta en esta antología, pues todos esos Quevedos, en rigor, se reducen a dos: el soñador y el vividor, dos caras que se retroalimentan, pues para soñar es preciso vivir, y para vivir hay que sobrevivir: llevar una máscara, cristiana y mordaz en su caso. Dicho de otro modo: la muerte es el sueño de la vida. La verdadera proeza de Quevedo reside en haber sabido bajar para luego subir, pues fue en los bajos fondos donde aprendió el «espíritu del idioma», caracterizado por el predominio del gusto popular y el humor; un idioma que, si bien hoy nos resulta en muchos aspectos arcaico —es, en ese sentido, un «paraíso (o infierno) cerrado»—, contiene todas las características (dinamismo, subjetivismo…) de nuestro modo de hablar (y pensar) actual. La poesía de Quevedo oscila continuamente entre el cielo y el averno —encarnando así «las combinaciones insostenibles entre lo excesivamente idealista y la picaresca» que, según Criado de Val, caracterizan la lengua española—, y su voz representa un hilo comunicador al que se ha encaramado toda la literatura hispánica posterior. Por eso su biógrafo francés, René Bouvier, dijo acertadamente de él que, aparte de ser el «polemista al par más violento y valiente de la España del siglo XVII», era «hombre del diablo y hombre de Dios»; en palabras del poeta:

¿Qué imagen de la muerte rigurosa,
qué sombra del infierno me maltrata?
¿Qué tirano cruel me sigue y mata
con vengativa mano licenciosa?

Quevedo no solo anticipa esa degradación moderna que toma cuerpo en Goya y lo grotesco, sino también «apunta ya varias de las notas fundamentales de casi todo el pensamiento español moderno». Celoso de su independencia, lleno de ecos del pasado, «este demonio cojo —escribe Bouvier— levanta los tejados, se introduce por las chimeneas y derriba las puertas con el propósito de verlo todo, de oírlo todo. Y todo lo quiere decir». Pero quizás Quevedo fuera, por encima de todo, una voz del pueblo (o su «floración» como dijo Zambrano de Unamuno); en él se concentraron todas sus contradicciones, sus virtudes así como sus miserias, lo cual se aprecia especialmente en algunas de sus jácaras, que, de forma excepcional, dan expresión a los sueños rotos de la gente sacrificada en el altar del imperio y los inicios del capitalismo. Pese a que Quevedo, con intención de divertirse y complacer a sus lectores, se regodea al describir la mala fortuna y degradación de esa gente «rufianesca», también muestra cierta admiración por sus impulsivas e indómitas vidas; dentro de la vileza, brilla un sentido de dignidad y orgullo, incluso de solidaridad o fraternidad (no en balde los personajes hablan en germanía). Al igual que Dostoyevski («A ese hombre sencillo lo tengo yo por hombre auténtico normal [...] lo envidio yo con toda la fuerza de mi corazón bilioso», escribió en *Apuntes del subsuelo*), reconoció un punto de grandeza en los bajos fondos, un espíritu espontáneo, noble y libre, aun en las condiciones más penosas. Quizás Quevedo, para quien el cuerpo era una cárcel, adivinó en esa actitud «sencilla», soberana y subversiva la clave de la libertad, tal y como muestran estas líneas escritas durante su reclusión en el convento de San Marcos, en León: «Tiénenme cerrado en una cuadra; mas, a pesar de las vueltas de la llave, estoy libre». ¿Cómo puede uno ser libre estando encerrado? Ah, poque la libertad es el dominio de la pregunta.

¿Quién fue entonces Quevedo? Leamos «Epitafio [a un poeta]», quizás nos dé alguna pista:

> —En esta piedra yace un mal cristiano.
> —Sin duda fue escribano.
> —No, que fue desdichado en gran manera.
> —Algún hidalgo era.
> —No, que tuvo riquezas y algún brío.
> —Sin duda fue judío.
> —No, porque fue ladrón y lujurioso.
> —Ser ginovés o viudo era forzoso.
> —No, que fue menos cuerdo y más parlero.
> —Ese que dices era caballero.
> —No fue sino poeta el que preguntas,
> y en él se hallaron estas partes juntas.

¡No fue sino poeta! ¡Y qué poeta!

Barcelona, 8 de octubre de 2024

Para esta recopilación, hemos consultado varias fuentes de la poesía de Quevedo, desde la mítica edición de *El Parnaso español* de 1648 a cargo de José Gonzalez de Salas, hasta la monumental recopilación de la poesía quevediana por José Manuel Blecua, pasando por la reedición —excelentemente documentada y anotada— del *Parnaso* por la RAE, al cuidado de Ignacio Arellano. Si bien en un principio creímos conveniente reproducir íntegramente la edición original, la puntuación arcaica de Salas, además del uso reiterado de mayúsculas simbólicas para dar énfasis a las palabras (p.ej., la Muerte, la Vida, la Casa...), nos convenció de que era preferible ceñirnos a las mencionadas versiones más modernas.

Nosotros, a su vez, para evitar una innecesaria hibridación de lenguajes, hemos continuado la labor de modernización con aquellos términos cuya actualización no altera el sentido o la rima de los poemas (p. ej. 'invidia' por 'envidia', o 'efeto' por 'efecto').

Barcelona, 10 de diciembre de 2025

BIBLIOGRAFÍA ESENCIAL

El Parnaso español, monte en dos cumbres dividido, con las nueve musas castellanas. Donde se contienen poesías de Don Francisco de Quevedo Villegas, ed. José González de Salas, Madrid, 1648; ed. Ignacio Arellano, Madrid, 2020.

Las tres Musas últimas castellanas. Segunda cumbre del Parnaso español de Don Francisco de Quevedo y Villegas, ed. Pedro de Aldrete, Madrid, 1670.

Francisco de Quevedo, *Epistolario completo*, ed. Luis Astrana Marín, Madrid, 1946.

Francisco de Quevedo, *Poesía original completa*, ed. José Manuel Blecua, Barcelona, 1981.

René Bouvier, *Quevedo, Homme du diable, homme de Dieu*, Paris, 1925.

Luis Astrana Marín, *La vida turbulenta de Quevedo*, Madrid, 1945.

Américo Castro, «Escepticismo y contradicción en Quevedo», en *Semblanzas y estudios españoles*, Princeton (N. J.), 1956.

M. Criado de Val, *Fisonomía del idioma español*, Madrid, 1957.

Ángel del Río, *Historia de la literatura española*, Madrid, 2011, 2 vols.

BIBLIOGRAFÍA PARALELA

Cervantes, *Don Quijote de la Mancha.*

Dostoyevski, *Apuntes del subsuelo.*

Ferrater Mora, *Diccionario de Filosofía.*

Federico García Lorca, *Conferencias.*

Nietzsche, *Así habló Zaratustra.*

Unamuno, *Cómo se hace una novela.*

María Zambrano, *Unamuno.*

Ocho poetas raros: Conversaciones y poemas, ed. J. M. Parreño y J. L. Gallero, Madrid, 1992.

Las ínsulas extrañas: Antología de poesía en lengua española, ed. Nicanor Vélez, Barcelona, 2002.

VIVIR MURIENDO

REPRESÉNTASE LA BREVEDAD DE LO QUE SE VIVE Y CUÁN NADA PARECE LO QUE SE VIVIÓ

«¡Ah de la vida!»... ¿Nadie me responde?
¡Aquí de los antaños que he vivido!
La Fortuna mis tiempos ha mordido;
las horas mi locura las esconde.

¡Que sin poder saber cómo ni adónde
la salud y la edad se hayan huido!
Falta la vida, asiste lo vivido,
y no hay calamidad que no me ronde.

Ayer se fue; mañana no ha llegado;
hoy se está yendo sin parar un punto:
soy un fue y un será y un es cansado.

En el hoy y mañana y ayer junto
pañales y mortaja, y he quedado
presentes sucesiones de difunto.

[*Parnaso*, 63, a]

Vivir es caminar breve jornada,
y muerte viva es, Lico, nuestra vida,
ayer al frágil cuerpo amanecida,
cada instante en el cuerpo sepultada.

Nada que, siendo, es poco, y será nada
en poco tiempo, que ambiciosa olvida,
pues, de la vanidad mal persuadida,
anhela duración, tierra animada.

Llevada de engañoso pensamiento
y de esperanza burladora y ciega,
tropezará en el mismo monumento,

como el que, divertido, el mar navega,
y sin moverse vuela con el viento,
y antes que piense en acercarse, llega.

[*Parnaso*, 103, b]

CONOCE LA DILIGENCIA CON QUE SE ACERCA LA MUERTE Y PROCURA
CONOCER TAMBIÉN LA CONVENIENCIA DE SU VENIDA, Y APROVECHARSE
DE ESE CONOCIMIENTO

Ya formidable y espantoso suena,
dentro del corazón, el postrer día,
y la última hora, negra y fría,
se acerca de temor y sombras llena.

Si agradable descanso, paz serena
la muerte en traje de dolor envía,
señas da su desdén de cortesía:
más tiene de caricia que de pena.

¿Qué pretende el temor desacordado
de la que a rescatar piadosa viene
espíritu en miserias anudado?

Llegue rogada, pues mi bien previene,
hálleme agradecido, no asustado;
mi vida acabe y mi vivir ordene.

[*Parnaso*, 85, a]

¡Fue sueño ayer; mañana será tierra!
¡Poco antes nada, y poco después humo!
¡Y destino ambiciones y presumo
apenas punto al cerco que me cierra!

Breve combate de importuna guerra,
en mi defensa soy peligro sumo,
y mientras con mis armas me consumo
menos me hospeda el cuerpo que me entierra.

Ya no es ayer; mañana no ha llegado;
hoy pasa y es y fue, con movimiento
que a la muerte me lleva despeñado.

Azadas son la hora y el momento
que, a jornal de mi pena y mi cuidado,
cavan en mi vivir mi monumento.

[*Parnaso*, 63, b]

REPITE LA FRAGILIDAD DE LA VIDA Y SEÑALA SUS ENGAÑOS Y SUS ENEMIGOS

¿Qué otra cosa es verdad sino pobreza
en esta vida frágil y liviana?
Los dos embustes de la vida humana,
desde la cuna, son honra y riqueza.

El tiempo, que ni vuelve ni tropieza,
en horas fugitivas la devana,
y en errado anhelar, siempre tirana,
la Fortuna fatiga su flaqueza.

Vive muerte callada y divertida
la vida misma; la salud es guerra
de su proprio alimento combatida.

¡Oh, cuánto, inadvertido, el hombre yerra,
que en tierra teme que caerá la vida
y no ve que, en viviendo, cayó en tierra!

[*Parnaso*, 80, b]

Retirado en la paz de estos desiertos,
con pocos, pero doctos libros juntos,
vivo en conversación con los difuntos
y escucho con mis ojos a los muertos.

Si no siempre entendidos, siempre abiertos,
o enmiendan o fecundan mis asuntos;
y en músicos callados contrapuntos
al sueño de la vida hablan despiertos.

Las grandes almas que la muerte ausenta,
de injurias de los años vengadora
libra, ¡oh gran don Josef!, docta la imprenta.

En fuga irrevocable huye la hora,
pero aquella el mejor cálculo cuenta
que en la lección y estudios nos mejora.

[*Parnaso*, 115]

Miré los muros de la patria mía,
si un tiempo fuertes, ya desmoronados,
de la carrera de la edad cansados,
por quien caduca ya su valentía.

Salíme al campo; vi que el sol bebía
los arroyos del hielo desatados,
y del monte quejosos los ganados,
que con sombras hurtó su luz al día.

Entré en mi casa; vi que, amancillada,
de anciana habitación era despojos;
mi báculo más corvo y menos fuerte.

Vencida de la edad sentí mi espada
y no hallé cosa en que poner los ojos
que no fuese recuerdo de la muerte.

[*Parnaso*, 88, b]

Huye sin percibirse, lento, el día,
y la hora secreta y recatada
con silencio se acerca y, despreciada,
lleva tras sí la edad lozana mía.

La vida nueva que en niñez ardía,
la juventud robusta y engañada,
en el postrer invierno sepultada
yace entre negra sombra y nieve fría.

No sentí resbalar mudos los años;
hoy los lloro pasados y los veo
riendo de mis lágrimas y daños.

Mi penitencia deba a mi deseo,
pues me deben la vida mis engaños
y espero el mal que paso y no le creo.

[*Parnaso*, 82, b]

CONOCE LAS FUERZAS DEL TIEMPO Y EL SER EJECUTIVO
COBRADOR DE LA MUERTE

¡Cómo de entre mis manos te resbalas!
¡Oh, cómo te deslizas, edad mía!
¡Qué mudos pasos traes, oh muerte fría,
pues con callado pie todo lo igualas!

Feroz, de tierra el débil muro escalas,
en quien lozana juventud se fía;
mas ya mi corazón del postrer día
atiende el vuelo sin mirar las alas.

¡Oh condición mortal! ¡Oh dura suerte!
¡Que no puedo querer vivir mañana
sin la pensión de procurar mi muerte!

Cualquier instante de la vida humana
es nueva ejecución con que me advierte
cuán frágil es, cuán mísera, cuán vana.

[*Parnaso*, 78, a]

FISIS

TÚMULO DE LA MARIPOSA

Yace pintado amante
de amores de la luz, muerta de amores,
mariposa elegante,
que vistió rosas y voló con flores,
y codicioso el fuego de sus galas
ardió dos primaveras en sus alas.

El aliño del prado
y la curiosidad de primavera
aquí se han acabado,
y el galán breve de la cuarta esfera,
que con dudoso y divertido vuelo
las lumbres quiso amartelar del cielo.

Clementes hospedaron
a duras salamandras llamas vivas;
su vida perdonaron,
y fueron rigurosas como esquivas
con el galán idólatra que quiso
morir como Faetón, siendo Narciso.

No renacer hermosa,
parto de la ceniza y de la muerte,
como fénix gloriosa
que su linaje entre las llamas vierte,
quien no sabe de amor y de terneza
lo llamará desdicha, y es fineza.

Su tumba fue su amada;
hermosa, sí, pero temprana y breve;
ciega y enamorada,
mucho al amor y poco al tiempo debe,
y pues en sus amores se deshace,
escríbase: «Aquí goza, donde yace».

[*Parnaso*, 176]

A UN RAMO QUE SE DESGAJÓ CON EL PESO DE SU FRUTA

De tu peso vencido,
verde honor del verano,
yaces en este llano
del tronco antiguo y noble desasido.
Dando venganza estás de ti a los vientos,
cuyas líquidas iras despreciabas,
cuando de ellos con ellas murmurabas
imitando a mis quejas los acentos.
Humilde agora entre las yerbas suenas,
cosa que de tu altura
nunca temer pudieron las arenas,
y ofendida del tiempo tu hermosura,
ocupa en la ribera
el lugar que ocupó tu propia sombra.
Menos gastos tendrá la primavera
en vestir este valle
después que faltas a su verde alfombra.
¿Qué hará el jilguero dulce cuando halle
su patria con tus hojas en el suelo?
¿Y la parlera fuente
que aun ignorante de prisión de hielo
exenta de la sed del sol corría?
Sin duda llorará con su corriente
la licencia que has dado en ella al día.
Tendrá un retrato menos
Pisuerga que mostrar al caminante
en sus cristales puros.
Cualquier pájaro amante
desiertos dejará tus brazos duros,

y vengo a poner duda
si para que te habite en llanto tierno
a la tórtola basta el ser viuda.
Y porque tengo miedo que el invierno
pondrá necesidad a algún villano
tal que se atreva con ingrata mano
a encomendarte al fuego,
yo te quiero llevar a mi cabaña
por lo que mi cansancio, estando ciego,
a tu sombra le debe.
Descansarás el báculo de caña
con que mi vida tristes años mueve,
y ojalá que yo fuera
rey, como soy pastor de la ribera,
que, cetro antes que báculo cansado,
no canas sustentaras, sino estado.

[*Las tres Musas*, 168]

Flor que cantas, flor que vuelas,
y tienes por facistol
el laurel, ¿para qué al sol
con tan sonoras cautelas
le madrugas y desvelas?
Digasmé,
dulce jilguero, ¿por qué?

Dime, cantor ramillete,
lira de pluma volante,
silbo alado y elegante,
que en el rizado copete
luces flor, suenas falsete,
¿por qué cantas con porfía
invidias que llora el día
con lágrimas de la aurora,
si en la risa de Lidora
su amanecer desconsuelas?
Flor que cantas, flor que vuelas,
y tienes por facistol
el laurel, ¿para qué al sol
con tan sonoras cautelas
le madrugas y desvelas?
Digasmé,
dulce jilguero, ¿por qué?

En un átomo de pluma
¿cómo tal concento cabe?
¿Cómo se esconde en una ave
cuanto el contrapunto suma?
¿Qué dolor hay que presuma
tanto mal de su rigor
que no suspenda el dolor
al iris breve que canta,
llena tan chica garganta
de orfeos y de vigüelas?
Flor que cantas, flor que vuelas,
y tienes por facistol
el laurel, ¿para qué al sol
con tan sonoras cautelas
le madrugas y desvelas?
Digasmé,
dulce jilguero, ¿por qué?

　　Voz pintada, canto alado,
poco al ver, mucho al oído,
¿dónde tienes escondido
tanto instrumento templado?
Recata de mi cuidado
tus músicas y alegrías,
que las malas compañías
te volverán los cantares
en lágrimas y pesares
por más que a sirena anhelas.

Flor que cantas, flor que vuelas,
y tienes por facistol
el laurel, ¿para qué al sol
con tan sonoras cautelas
le madrugas y desvelas?
Digasmé,
dulce jilguero, ¿por qué?

[*Parnaso*, 339]

AL RUISEÑOR

Flor con voz, volante flor,
silbo alado, voz pintada,
lira de pluma animada
y ramillete cantor,
di, átomo volador,
florido acento de pluma,
bella organizada suma
de lo hermosos y lo suave,
¿cómo cabe en sola un ave
cuanto el contrapunto suma?

[*Poesías varias de grandes ingenios*, pág. 20]

AMANTE QUE HACE LECCIÓN PARA APRENDER
A AMAR DE MAESTROS IRRACIONALES

Músico llanto en lágrimas sonoras
llora monte doblado en cueva fría,
y destilando líquida armonía
hace las peñas cítaras canoras.

Ameno y escondido a todas horas,
en mucha sombra alberga poco día;
no admite su silencio compañía:
solo a ti, solitario, cuando lloras.

Son tu nombre, color y voz doliente
señas, más que de pájaro, de amante;
puede aprender dolor de ti un ausente.

Estudia en tu lamento y tu semblante
gemidos este monte y esta fuente,
y tienes mi dolor por estudiante.

[*Parnaso*, 193]

Salamandra frondosa y bien poblada
te vio la antigüedad, columna ardiente,
¡oh Vesubio, gigante el más valiente
que al cielo amenazó con diestra osada!

Después, de varias flores esmaltada,
jardín piramidal fuiste, y luciente
mariposa, en tus llamas inclemente,
y en quien toda Pomona fue abrasada.

Ya, fénix cultivada, te renuevas,
en eternos incendios repetidos,
y noche al sol, y al cielo luces llevas.

¡Oh monte, emulación de mis gemidos:
pues yo en el corazón y tú en las cuevas
callamos los volcanes florecidos!

[*Parnaso*, 195, b]

A vosotras, estrellas,
alza el vuelo mi pluma temerosa
del piélago de luz ricas centellas,
lumbres que enciende triste y dolorosa
a las exequias del difunto día,
huérfana de su luz, la noche fría;

ejército de oro
que por campañas de zafir marchando
guardáis el trono del eterno coro
con diversas escuadras militando,
Argos divino de cristal y fuego
por cuyos ojos vela el mundo ciego;

señas esclarecidas
que, con llama parlera y elocuente,
por el mudo silencio repartidas,
a la sombra servís de voz ardiente;
pompa que da la noche a sus vestidos,
letras de luz, misterios encendidos;

de la tiniebla triste
preciosas joyas y del sueño helado
galas que en competencia del sol viste;
espías del amante recatado,
fuentes de luz para animar el suelo,
flores lucientes del jardín del cielo,

vosotras, de la luna
familia relumbrante, ninfas claras,
cuyos pasos arrastran la Fortuna
con cuyos movimientos muda caras,
árbitros de la paz y de la guerra
que en ausencia del sol regís la tierra;

vosotras, de la suerte
dispensadoras, luces tutelares
que dais la vida, que acercáis la muerte,
mudando de semblante, de lugares;
llamas que habláis con doctos movimientos,
cuyos trémulos rayos son acentos;

vosotras que enojadas
a la sed de los surcos y sembrados
la bebida negáis o ya abrasadas
dais en ceniza el pasto a los ganados,
y si miráis benignas y clementes,
el cielo es labrador para las gentes;

vosotras, cuyas leyes
guarda observante el tiempo en toda parte,
amenazas de príncipes y reyes
si os aborta Saturno, Jove o Marte;
ya fijas vais o ya llevéis delante
por lúbricos caminos greña errante,

si amasteis en la vida
y ya en el firmamento estáis clavadas,
pues la pena de amor nunca se olvida,

y aun suspiráis en signos transformadas
con Amarilis, ninfa la más bella,
estrellas, ordenad que tenga estrella.

Si entre vosotras una
miró sobre su parto y nacimiento
y della se encargó desde la cuna
dispensando su acción, su movimiento,
pedidla, estrellas, a cualquier que sea,
que la incline siquiera a que me vea.

Yo, en tanto, desatado
en humo, rico aliento de Pancaya,
haré que, peregrino y abrasado,
en busca vuestra por los aires vaya,
recataré del sol la lira mía
y empezaré a cantar muriendo el día.

Las tenebrosas aves
que el silencio embarazan con gemido,
volando torpes y cantando graves,
más agüeros que tonos al oído,
para adular mis ansias y mis penas,
ya mis musas serán, ya mis sirenas.

[*Las tres Musas*, 172]

Rosal, menos presunción
donde están las clavellinas,
pues serán mañana espinas
las que agora rosas son.

¿De qué sirve presumir,
rosal, de buen parecer,
si aun no acabas de nacer
cuando empiezas a morir?
Hace llorar y reír
vivo y muerto tu arrebol
en un día o en un sol:
desde el oriente al ocaso
va tu hermosura en un paso
y en menos tu perfección.
Rosal, menos presunción
donde están las clavellinas,
pues serán mañana espinas
las que agora rosas son.

No es muy grande la ventaja
que tu calidad mejora;
si es tus mantillas la aurora
es la noche tu mortaja.
No hay florecilla tan baja
que no te alcance de días,
y de tus caballerías
por descendiente de la alba

se está riendo la malva,
cabellera de un terrón.
Rosal, menos presunción
donde están las clavellinas,
pues serán mañana espinas
las que agora rosas son.

[*Parnaso*, 340]

Así, oh puerta dura,
que guardas viva a mi piadoso ruego
la mayor hermosura,
el tiempo no te dé por presa al fuego
y cuando ofensa de hacha, vieja, esperes,
no vengas a ser menos de lo que eres.
Y así el rayo del cielo cristalino
cuando a Júpiter se huye de la mano
no ofenda tus umbrales ni este llano,
que para que vea yo mi sol divino
y pruebe lo que pueden mis palabras,
que enmudezcas los goznes y te abras,
que, por poco que sea,
me tiene ya el Amor tan flaco y lacio
que podré entrar por tan pequeño espacio
que aun yo de mi esperanza no lo crea.

[Ms. Évora, pág. 70]

AMOR

SONETO AMOROSO DEFINIENDO EL AMOR

Es hielo abrasador, es fuego helado,
es herida que duele y no se siente,
es un soñado bien, un mal presente,
es un breve descanso muy cansado;

es un descuido que nos da cuidado,
un cobarde con nombre de valiente,
un andar solitario entre la gente,
un amar solamente ser amado;

es una libertad encarcelada
que dura hasta el postrero parasismo,
enfermedad que crece si es curada.

Este es el niño Amor, este es su abismo:
¡mirad cuál amistad tendrá con nada
el que en todo es contrario de sí mismo!

[*Las tres Musas*, 44, b]

Fuego a quien tanto mar ha respetado
y que, en desprecio de las ondas frías,
pasó abrigado en las entrañas mías
después de haber mis ojos navegado,

merece ser al cielo trasladado,
nuevo esfuerzo del sol y de los días,
y entre las siempre amantes jerarquías
en el pueblo de luz arder clavado.

Dividir y apartar puede el camino,
mas cualquier paso del perdido amante
es quilate al amor puro y divino.

Yo dejo la alma atrás; llevo adelante,
desierto y solo, el cuerpo peregrino,
y a mí no traigo cosa semejante.

[*Parnaso*, 189]

COMPARA CON EL ETNA LAS PROPIEDADES DE SU AMOR

Ostentas, de prodigios coronado,
sepulcro fulminante, monte aleve,
las hazañas del fuego y de la nieve,
y el incendio en los hielos hospedado.

Arde el hibierno en llamas erizado
y el fuego lluvias y granizos bebe;
truena si gimes; si respiras llueve
en cenizas tu cuerpo derramado.

Si yo no fuera a tanto mal nacido,
no tuvieras, ¡oh Etna!, semejante;
fueras hermoso monstruo sin segundo;

mas como en alta nieve ardo encendido,
soy Encélado vivo y Etna amante
y ardiente imitación de ti en el mundo.

[*Parnaso*, 190, a]

Si el abismo, en diluvios desatado,
hubiera todo el fuego consumido,
el que enjuga mis venas, mantenido
de mi sangre, le hubiera restaurado.

Si el día, por Faetón descaminado,
hubiera todo el mar y aguas bebido,
con el piadoso llanto que he vertido
las hubieran mis ojos renovado.

Si las legiones todas de los vientos
guardar Ulises en prisión pudiera,
mis suspiros sin fin otros formaran.

Si del infierno todos los tormentos
con su música Orfeo suspendiera,
otros mis penas nuevos inventaran.

[*Parnaso*, 194, a]

NO SE DISCULPA, COMO LOS NECIOS AMANTES, DE ATREVERSE A AMAR;
ANTES PERSUADE A SER SUPERIOR HERMOSURA
LA QUE NO PERMITE RESISTENCIA PARA SER AMADA

¡No sino fuera yo quien solamente
tuviera libertad después de veros!
Fuerza, no atrevimiento, fue el quereros,
y presunción penar tan altamente.

Osé menos dichoso que valiente;
supe, si no obligaros, conoceros;
y ni puedo olvidaros ni ofenderos,
que nunca puro amor fue delincuente.

No desdeña gran mar fuente pequeña;
admite el sol en su familia de oro
llama delgada, pobre y temerosa,

ni humilde y baja exhalación desdeña.
Esto alegan las lágrimas que lloro;
esto mi ardiente llama generosa.

[*Parnaso*, 195, a]

Dichoso puedes, Tántalo, llamarte,
tú, que en los reinos vanos cada día,
delgada sombra, desangrada y fría,
ves de tu misma sed martirizarte.

Bien puedes en tus penas alegrarte
(si es capaz aquel pueblo de alegría),
pues que tiene (hallarás) la pena mía
del reino de la noche mayor parte.

Que si a ti de la sed el mal eterno
te atormenta, y mirando l'agua helada
te huye si la llama tu suspiro,

yo, ausente, venzo en penas al infierno;
pues tú tocas y ves la prenda amada;
yo, ardiendo, ni la toco ni la miro.

[*Parnaso*, 190, b]

Torcido, desigual, blando y sonoro,
te resbalas secreto entre las flores,
hurtando la corriente a los calores,
cano en la espuma y rubio con el oro.

En cristales dispensas tu tesoro,
líquido plectro a rústicos amores,
y templando por cuerdas ruiseñores
te ríes de crecer con lo que lloro.

De vidro en las lisonjas divertido,
gozoso vas al monte; y despeñado,
espumoso encaneces con gemido.

No de otro modo el corazón cuitado
a la prisión, al llanto se ha venido
alegre, inadvertido y confiado.

[*Parnaso*, 191, b]

A todas partes que me vuelvo veo
las amenazas de la llama ardiente,
y en cualquier lugar tengo presente
tormento esquivo y burlador deseo.

La vida es mi prisión, y no lo creo;
y al son del hierro, que perpetuamente
pesado arrastro y humedezco ausente,
dentro en mí proprio pruebo a ser Orfeo.

Hay en mi corazón furias y penas;
en él es el Amor fuego y tirano,
y yo padezco en mí la culpa mía.

¡Oh dueño sin piedad, que tal ordenas,
pues del castigo de enemiga mano
no es precio ni rescate l'armonía!

[*Parnaso*, 192]

Si de cosas diversas la memoria
se acuerda, y lo presente y lo pasado
juntos la alivian y la dan cuidado,
y en ella son confines pena y gloria;

y si al entendimiento igual victoria
concede inteligible lo crïado,
y a nuestra libre voluntad es dado
numerosa elección y transitoria,

Amor, que no es potencia solamente,
sino la omnipotencia padecida
de cuanto sobre el suelo vive y siente,

¿por qué con dos incendios una vida
no podrá fulminar su luz ardiente
en dos diversos astros encendida?

[*Parnaso*, 212]

69

SONETO AMOROSO [I]

Si en el loco jamás hubo esperanza,
ni desesperación hubo en el cuerdo,
¿de qué accidentes hoy la vida pierdo?,
¿qué sentimiento mi razón alcanza?

¿Quién hace en mi memoria tal mudanza
que de aquello que busco no me acuerdo?
Velo soñando y sin dormir recuerdo:
el mal pesa y el bien igual balanza.

Escucho sordo y reconozco ciego;
descanso trabajando y hablo mudo;
humilde aguardo y con soberbia pido.

Si no es amor mi gran desasosiego,
de conocer lo que me acaba dudo,
que no hay de sí quien viva más rendido.

[*Las tres Musas*, 26, b]

SONETO AMOROSO [II]

A fugitivas sombras doy abrazos;
en los sueños se cansa el alma mía;
paso luchando a solas noche y día
con un trasgo que traigo entre mis brazos.

Cuando le quiero más ceñir con lazos,
y viendo mi sudor, se me desvía;
vuelvo con nueva fuerza a mi porfía
y temas con amor me hacen pedazos.

Voyme a vengar en una imagen vana
que no se aparta de los ojos míos;
búrlame, y de burlarme corre ufana.

Empiézola a seguir, fáltanme bríos;
y como de alcanzarla tengo gana,
hago correr tras ella el llanto en ríos

[*Las tres Musas*, 29, a]

Por la cumbre de un monte levantado,
mis temerosos pasos triste guío;
por norte llevo solo mi albedrío
y por mantenimiento mi cuidado.

Llega la noche y hállome engañado,
y solo en la esperanza me confío;
llego al corriente mar de un hondo río:
ni hallo barca ni puente, ni hallo vado.

Por la ribera arriba el paso arrojo,
dame contento el agua con su ruido,
mas en verme perdido me congojo.

Hallo pisadas de otro que ha subido;
párome a verlas; pienso con enojo
si son de otro, como yo, perdido.

[*Las tres Musas*, 36, a]

Estas son y serán ya las postreras
lágrimas que con fuerza de voz viva
perderé en esta fuente fugitiva
que las lleva a la sed de tantas fieras.

¡Dichoso yo que, en playas extranjeras,
siendo alimento a pena tan esquiva,
hallé muerte piadosa que derriba
tanto vano edificio de quimeras!

Espíritu desnudo, puro amante,
sobre el sol arderé, y el cuerpo frío
se acordará de Amor en polvo y tierra.

Yo me seré epitafio al caminante,
pues le dirá, sin vida, el rostro mío:
«Ya fue gloria de Amor hacerme guerra».

[*Parnaso*, 282, a]

Osar, temer, amar y aborrecerse,
alegre con la gloria atormentarse,
de olvidar los trabajos olvidarse,
entre llamas arder, sin encenderse;

con soledad entre las gentes verse,
y de la soledad acompañarse,
morir continuamente, no acabarse,
perderse por hallar con qué perderse;

ser Fúcar de esperanzas sin ventura,
gastar todo el caudal en sufrimientos,
con cera conquistar la piedra dura,

son efectos de Amor en mis lamentos;
nadie le llame dios, que es gran locura,
que más son de verdugo sus tormentos.

[Las tres Musas, 38, b]

Ostentas, ¡oh felice!, en tus cenizas
el afecto inmortal del alma interno
que, como es del amor el curso eterno,
los días a tus ansias eternizas.

Muerto del tiempo, el orden tiranizas,
pues mides derogando su gobierno
las horas al dolor del pecho tierno,
los minutos al bien que inmortalizas.

¡Oh milagro! ¡Oh portento peregrino!,
que de lo natural los estatutos
rompes con eternar su movimiento.

Tú mismo constituyes tu destino,
pues por días, por horas, por minutos,
eternizas tu propio sentimiento.

[Mss. 9636, f. 140 v. y 7370, f. 220 v. de la Bibl. Nacional]

Cerrar podrá mis ojos la postrera
sombra que me llevare el blanco día
y podrá desatar esta alma mía
hora a su afán ansioso lisonjera,

mas no de esotra parte en la ribera
dejará la memoria en donde ardía:
nadar sabe mi llama la agua fría
y perder el respeto a ley severa.

Alma a quien todo un dios prisión ha sido,
venas que humor a tanto fuego han dado,
medulas que han gloriosamente ardido,

su cuerpo dejará, no su cuidado;
serán ceniza, mas tendrá sentido,
polvo serán, mas polvo enamorado.

[*Parnaso*, 281, b]

SONETO AMOROSO [V]

Tras arder siempre, nunca consumirme,
y tras siempre llorar, nunca acabarme,
tras tanto caminar, nunca cansarme,
y tras siempre vivir, jamás morirme;

después de tanto mal, no arrepentirme,
tras tanto engaño, no desengañarme,
después de tantas penas, no alegrarme,
y tras tanto dolor, nunca reírme;

en tantos laberintos, no perderme,
ni haber, tras tanto olvido, recordado,
¿qué fin alegre puede prometerme?

Antes muerto estaré que escarmentado,
ya no pienso tratar de defenderme,
sino de ser de veras desdichado.

[*Las tres Musas*, 41, a]

   ¿Qué imagen de la muerte rigurosa,
qué sombra del infierno me maltrata?
¿Qué tirano cruel me sigue y mata
con vengativa mano licenciosa?

   ¿Qué fantasma en la noche temerosa
el corazón del sueño me desata?
¿Quién te venga de mí, divina ingrata,
más por mi mal que por tu bien hermosa?

   ¿Quién cuando con dudoso pie y incierto
piso la soledad de aquesta arena
me puebla de cuidados el desierto?

   ¿Quién el antiguo son de mi cadena
a mis orejas vuelve si es tan cierto
que aun no te acuerdas tú de darme pena?

[*Las tres Musas*, 39, b]

LA AMADA

RETRATO DE LISI QUE TRAÍA EN UNA SORTIJA

En breve cárcel traigo aprisionado
con toda su familia de oro ardiente
el cerco de la luz resplandeciente
y grande imperio del Amor cerrado.

Traigo el campo que pacen estrellado
las fieras altas de la piel luciente,
y a escondidas del cielo y del Oriente,
día de luz y parto mejorado.

Traigo todas las Indias en mi mano,
perlas que, en un diamante, por rubíes
pronuncian con desdén sonoro hielo

y razonan tal vez fuego tirano,
relámpagos de risas carmesíes,
auroras, gala y presunción del cielo.

[*Parnaso*, 277]

ERROR ACERTADO EN CONDICIÓN MUDABLE

El día que me aborreces, ese día
tengo tanta alegría
como pesar padezco cuando me amas
y tu dueño me llamas,
porque cuando indignada me aborreces,
en tu mudable condición me ofreces
señas de luego amarme con extremo,
y cuanto más me amas, Laura, temo
de tus mudanzas, como firme amante,
que me has de aborrecer en otro instante.
Ansí que, por mejor, elegir quiero
la esperanza del gusto venidero,
aunque esté desdeñado,
que el engañoso estado
de posesión tan bella
sujeto al torpe miedo de perdella.

[*Parnaso*, 235]

CONTRAPOSICIÓN AMOROSA

Si fueras tú mi Eurídice, ¡oh señora!,
ya que soy yo el Orfeo que te adora,
tanto el poder mirarte en mí pudiera
que solo por mirarte te perdiera,
pues si perdiera la ocasión de verte,
perderte fuera así por no perderte.
Mas tú, en la tierra luz clara del cielo,
firmamento que vives en el suelo,
no podía ser que fueras
sombra que entre las sombras asistieras,
que el infierno contigo se alumbrara
y tu divina cara,
como el sol en su coche,
introdujera auroras en la noche,
ni yo, según mis sentimientos veo,
fuera músico Orfeo,
pues de amor y tristeza el alma llena,
no pudiera cantar viéndote en pena.

[*Parnaso*, 220]

ALMA EN PRISIÓN DE ORO

Si alguna vez en lazos de oro bellos
la red, Flori, encarcela tus cabellos,
digo yo, cuando miro igual tesoro,
que está la red en red y el oro en oro,
mas déjame admirado
que sea el ladrón la cárcel del robado,
y ya en dos redes presa l'alma mía,
no la espero cobrar en algún día,
y ella, porque tal cárcel la posea,
ni espera libertad ni la desea.

[*Parnaso*, 234, a]

SUEÑO

No pueden los sueños, Floris,
ofender prendas divinas,
pues permiten a las almas
el mentir para sí mismas.
  Prevenir un sueño quiero
que, por hacerme caricias,
hurtó mis ojos al llanto
que los aniega la vista.
  Soñé (gracias a la noche),
no sé, Floris, si lo diga
(mas perdona, que los sueños
no saben de cortesía),
  que estabas entre mis brazos,
pues eres, diosa divina,
de un amante bullicioso
las obras ejecutivas.
  Soñaba el ciego que veía
y soñaba lo que quería.

Tus voces y tus razones
me di, Floris, tanta prisa
a beberlas de tu boca
que me excusaba de oírlas.
  Es no decir lo que vi
apiadarme de la envidia
y guardar para mí solo
mis glorias con avaricia.
  Lo que tocaron mis manos,
adestradas de mentiras,

no lo darán por el cetro
de todas las monarquías.
    Hechas demonios, andaban
tentando abajo y arriba
y al escondite jugaban
mis obras con tu basquiña.
    Soñaba el ciego que veía
y soñaba lo que quería.

    Andúvete con la boca
rosa a rosa las mejillas
y aun dentro de tus dos ojos
te quise forzar las niñas.
    Dime una hartazga de cielo
en tan altas maravillas,
maté la hambre al deseo
y enriquecí la codicia.
    No hay estación en tu cuerpo
que no adore de rodillas;
con mis cuentas en la mano,
lloré en la postrer ermita.
    De beso en beso me vine
tomándote la medida
desde la planta al cabello
por rematar en las Indias.
    El apetito travieso
con sola mi fantasía
más entremetido andaba
que fraile con bacinica.
    Andando desta manera,
topé con las barandillas,

desperté con un chichón
estando en la cuna el día.

Perdona al sueño sabroso
lisonjeras demasías
que aun despierto en la memoria
me están haciendo cosquillas.

Soñaba el ciego que veía
y soñaba lo que quería.

[Ms. de A. Rodríguez-Moñino, folio 127 v.]

¡Ay, Floralba! Soñé que te... ¿Dirélo?
Sí, pues que sueño fue: que te gozaba.
¿Y quién sino un amante que soñaba
juntara tanto infierno a tanto cielo?

Mis llamas con tu nieve y con tu hielo,
cual suele opuestas flechas de su aljaba,
mezclaba Amor, y honesto las mezclaba
como mi adoración en su desvelo.

Y dije: «Quiera Amor, quiera mi suerte,
que nunca duerma yo, si estoy despierto,
y que si duermo, que jamás despierte».

Mas desperté del dulce desconcierto,
y vi que estuve vivo con la muerte,
y vi que con la vida estaba muerto.

[*Parnaso*, 216, b]

Diez años de mi vida se ha llevado
en veloz fuga y sorda el sol ardiente,
después que en tus dos ojos vi el oriente,
Lísida, en hermosura duplicado.

Diez años en mis venas he guardado
el dulce fuego que alimento, ausente,
de mi sangre. Diez años en mi mente
con imperio tus luces han reinado.

Basta ver una vez grande hermosura
que una vez vista eternamente enciende
y en l'alma impresa eternamente dura.

Llama que a la inmortal vida trasciende
ni teme con el cuerpo sepultura,
ni el tiempo la marchita ni la ofende.

[*Parnaso*, 281, a]

[A LISIS]

Quien se ausentó con amor,
si lamenta su cuidado,
miente, que al cuerpo no es dado
sentir, sin alma, dolor.

Partir es dejar de ser;
nadie presuma en ausencia:
que el cuerpo tiene licencia
solo para padecer.

Si yo pudiera sentir
ausente mal tan esquivo,
sin alma estuviera vivo
contra la ley de morir.

Quien dejó el alma engañado
y trujo el cuerpo perdido
es el reino dividido
que cuenta por asolado.

Más quiero ser muerto yo
que ausente en estos desiertos,
pues hacen bien por los muertos
y por los ausentes no.

Quien muere descansará,
quien se va se desespere:
honras hacen al que muere
y afrentas al que se va.

No pienses que yo te escribo
dejando en ti vida y ser:
que me corriera de hacer
ausente cosas de vivo.

Lisis, cuando me partí
mirando mi fin tan cierto
para cuando fuese muerto,
vivo me quejé por mí.

No es llanto este que me lava
ni ya puedo llorar yo:
es el agua que salió
al fuego que me abrasaba.

[Ms. 3700, Bibl. Nacional, f. 116]

Bastábale al clavel verse vencido
del labio en que se vio cuando, esforzado
con su propria vergüenza, lo encarnado
a tu rubí se vio más parecido,

sin que en tu boca hermosa dividido
fuese de blancas perlas granizado,
pues tu enojo, con él equivocado,
el labio por clavel dejó mordido;

si no cuidado de la sangre fuese
para que a presumir de tiria grana
de tu púrpura líquida aprendiese.

Sangre vertió tu boca soberana
porque, roja victoria, amaneciese
llanto al clavel y risa a la mañana.

[*Parnaso*, 195, b]

DIFICULTA EL RETRATAR UNA GRANDE HERMOSURA QUE SE LO HABÍA
MANDADO Y ENSEÑA EL MODO QUE SOLO ALCANZA PARA QUE FUESE POSIBLE

Si quien ha de pintaros ha de veros
y no es posible sin cegar miraros,
¿quién será poderoso a retrataros
sin ofender su vista y ofenderos?

En nieve y rosas quise floreceros,
mas fuera honrar las rosas y agraviaros;
dos luceros por ojos quise daros,
mas ¿cuándo lo soñaron los luceros?

Conocí el imposible en el bosquejo,
mas vuestro espejo a vuestra lumbre propia
aseguró el acierto en su reflejo.

Podráos él retratar sin luz impropia,
siendo vos de vos propria en el espejo,
original, pintor, pincel y copia.

[*Parnaso*, 198, a]

CENIZA EN LA FRENTE DE AMINTA EL MIÉRCOLES DELLA

Aminta, para mí cualquiera día
es de ceniza si merezco verte,
que la luz de tus ojos es de suerte
que aun encender podrá la nieve fría.

Arde dichosamente la alma mía,
y aunque amor en ceniza me convierte,
es de fénix ceniza, cuya muerte
parto es vital y nueva fénix cría.

Puesta en mis ojos dice eficazmente
que soy mortal, y vanos mis despojos,
sombra obscura y delgada, polvo ciego:

mas la que miro en tu espaciosa frente
advierte las hazañas de tus ojos,
pues quien los ve es ceniza, y ellos fuego.

[*Parnaso*, 198, b]

Si mis párpados, Lisi, labios fueran,
besos fueran los rayos visüales
de mis ojos que al sol miran caudales
águilas, y besaran más que vieran.

Tus bellezas, hidrópicos, bebieran,
y cristales sedientos de cristales,
de luces y de incendios celestiales
alimentando su morir vivieran.

De invisible comercio mantenidos
y desnudos de cuerpo, los favores
gozaran mis potencias y sentidos;

mudos se requebraran los ardores;
pudieran apartados verse unidos
y en público secretos los amores.

[*Parnaso*, 268, b]

A UNA DAMA BIZCA Y HERMOSA

Si a una parte miraran solamente
vuestros ojos, ¿cuál parte no abrasaran?
Y si a diversas partes no miraran,
se helaran el ocaso o el oriente.

El mirar zambo y zurdo es delincuente;
vuestras luces izquierdas lo declaran,
pues con mira engañosa nos disparan
facinorosa luz dulce y ardiente.

Lo que no miran ven, y son despojos
suyos cuantos los ven, y su conquista
da a l'alma tantos premios como enojos.

¿Qué ley, pues, mover pudo al mal jurista
a que, siendo monarcas los dos ojos,
los llamase vizcondes de la vista?

[*Parnaso*, 202, a]

VENGANZA EN FIGURA DE CONSEJO A LA HERMOSURA PASADA

Ya, Laura, que descansa tu ventana
en sueño que otra edad tuvo despierta,
y atentos los umbrales de tu puerta
ya no escuchan de amante queja insana,

pues cerca de la noche, a la mañana
de tu niñez sucede tarde yerta,
mustia la primavera, la luz muerta,
despoblada la voz, la frente cana,

cuelga el espejo a Venus, donde miras
y lloras la que fuiste en la que hoy eres,
pues, suspirado entonces, hoy suspiras,

y ansí lo que no quieren ni tú quieres
ver, no verán los ojos ni tus iras
cuando vives vejez y niñez mueres.

[*Parnaso*, 196, b]

CON EJEMPLOS MUESTRA A FLORA LA BREVEDAD
DE LA HERMOSURA PARA NO MALOGRARLA

La mocedad del año, la ambiciosa
vergüenza del jardín, el encarnado
oloroso rubí, Tiro abreviado,
también del año presunción hermosa;

la ostentación lozana de la rosa,
deidad del campo, estrella del cercado;
el almendro en su propria flor nevado
que anticiparse a los calores osa,

reprehensiones son, ¡oh Flora!, mudas
de la hermosura y la soberbia humana,
que a las leyes de flor está sujeta.

Tu edad se pasará mientras lo dudas;
de ayer te habrás de arrepentir mañana,
y tarde y con dolor serás discreta.

[*Parnaso*, 191, a]

RICA POBREZA

EL ESCARMIENTO

¡Oh tú, que inadvertido peregrinas
de osado monte cumbres desdeñosas
que igualmente vecinas
tienen a las estrellas sospechosas,
o ya confuso vayas
buscando el cielo que robustas hayas
te esconden en las hojas,
o la alma aprisionada de congojas
alivies y consueles,
o con el vario pensamiento vueles
delante desta peña tosca y dura
que de naturaleza aborrecida
invidia de aquel prado la hermosura,
detén el paso y tu camino olvida,
y el duro intento que te arrastra deja
mientras vivo escarmiento te aconseja!

En la que escura ves, cueva espantosa,
sepulcro de los tiempos que han pasado,
mi espíritu reposa
dentro en mi propio cuerpo sepultado,
pues mis bienes perdidos
solo han dejado en mí fuego y gemidos,
vitorias de aquel ceño
que con la muerte me libró del sueño
de bienes de la tierra
y gozo blanda paz tras dura guerra,
hurtado para siempre a la grandeza,
al envidioso polvo cortesano,

al inicuo poder de la riqueza,
al lisonjero adulador tirano.
¡Dichoso yo que, fuera de este abismo,
vivo, me soy sepulcro de mí mismo!

Estas mojadas, nunca enjutas ropas,
estas no escarmentadas y deshechas
velas, proas y popas,
estos hierros molestos, estas flechas,
estos lazos y redes
que me visten de miedo las paredes,
lamentables despojos,
desprecio del naufragio de mis ojos,
recuerdos despreciados
son, para más dolor, bienes pasados.
Fue tiempo que me vio quien hoy me llora
burlar de la verdad y de escarmiento,
y ya, quiérelo Dios, llegó la hora
que debo mi discurso a mi tormento.
Ved cómo y cuán en breve el gusto acaba,
pues suspira por mí quien me envidiaba.

Aun a la muerte vine por rodeos,
que se hace de rogar o da sus veces
a mis propios deseos,
mas ya que son mis desengaños jueces,
aquí, solo conmigo,
la angosta senda de los sabios sigo
donde gloriosamente
desprecio la ambición de lo presente.
No lloro lo pasado

ni lo que ha de venir me da cuidado,
y mi loca esperanza, siempre verde,
que sobre el pensamiento voló ufana,
de puro vieja aquí su color pierde
y blanca puede estar de puro cana.
Aquí, del primer hombre despojado,
descanso ya de andar de mí cargado.

Estos que han de beber, fresnos hojosos,
la roja sangre de la dura guerra,
estos olmos hermosos
a quien esposa vid abraza y cierra
de la sed de los días
guardan con sombras las corrientes frías,
y en esta dura sierra
los agradecimientos de la tierra
con mi labor cansada
me entretienen la vida fatigada.
Orfeo del aire el ruiseñor parece
y ramillete músico el jilguero;
consuelo aquel en su dolor me ofrece;
este, a mi mal, se muestra lisonjero;
duermo por cama en este suelo duro,
si menos blando sueño, más seguro.

No solicito el mar con remo y vela,
ni temo al Turco la ambición armada,
no en larga centinela
al sueño inobediente con pagada
sangre y salud vendida
soy por un pobre sueldo mi homicida,

ni a Fortuna me entrego
con la codicia y la esperanza ciego
por cavar diligente
los peligros precisos del oriente,
no de mi gula amenazada vive
la fénix en Arabia temerosa,
ni a ultraje de mis leños apercibe
el mar su inobediencia peligrosa:
vivo como hombre que viviendo muero
por desembarazar el día postrero.

   Llenos de paz serena mis sentidos
y la corte del alma sosegada,
sujetos y vencidos
apetitos de ley desordenada,
por límite a mis penas
aguardo que desate de mis venas
la muerte prevenida
la alma que anudada está en la vida
disimulando horrores
a esta prisión de miedos y dolores,
a este polvo soberbio y presumido,
ambiciosa ceniza, sepultura
portátil que conmigo la he traído
sin dejarme contar hora segura.
Nací muriendo y he vivido ciego
y nunca al cabo de mi muerte llego.

Tú, pues, ¡oh caminante que me escuchas!,
si pretendes salir con la victoria
del monstruo con quien luchas,
harás que se adelante tu memoria
a recibir la muerte
que, obscura y muda, viene a deshacerte.
No hagas de otro caso,
pues se huye la vida paso a paso
y en mentidos placeres
muriendo naces y viviendo mueres.
Cánsate ya, ¡oh mortal!, de fatigarte
en adquirir riquezas y tesoro,
que últimamente el tiempo ha de heredarte
y al fin te dejarán la plata y oro.
Vive para ti solo, si pudieres,
pues solo para ti, si mueres, mueres.

[*Las tres Musas*, 176]

Quitar codicia, no añadir dinero,
hace ricos los hombres, Casimiro:
puedes arder en púrpura de Tiro
y no alcanzar descanso verdadero.

Señor te llamas; yo te considero,
cuando el hombre interior que vives miro,
esclavo de las ansias y el suspiro
y de tus proprias culpas prisionero.

Al asiento de l'alma suba el oro,
no al sepulcro del oro l'alma baje,
ni le compita a Dios su precio el lodo.

Descifra las mentiras del tesoro,
pues falta (y es del cielo este lenguaje)
al pobre mucho, y al avaro todo.

[*Parnaso*, 50, a]

PELIGRO DEL QUE SUBE MUY ALTO, Y MÁS SI ES POR LA CAÍDA DE OTRO

Para, si subes; si has llegado, baja;
que ascender a rodar es desatino;
mas si subiste, logra tu camino,
pues quien desciende de la cumbre ataja.

Detener de Fortuna la rodaja
a pocos concedió poder divino,
y si la cumbre desvanece el tino,
también, tal vez, la cumbre se desgaja.

El que puede caer, si él se derriba,
ya que no se conserva, se previene
contra el semblante de la suerte esquiva.

Y pues nadie que llega se detiene,
tema más quien se mira más arriba
y el que subió, por quien rodando viene.

[*Parnaso*, 57, a]

A UN AMIGO QUE RETIRADO DE LA CORTE PASÓ SU EDAD

Dichoso tú que, alegre en tu cabaña,
mozo y viejo espiraste la aura pura,
y te sirven de cuna y sepoltura
de paja el techo, el suelo de espadaña.

En esa soledad que libre baña
callado sol con lumbre más segura,
la vida al día más espacio dura
y la hora sin voz te desengaña.

No cuentas por los cónsules los años;
hacen tu calendario tus cosechas;
pisas todo tu mundo sin engaños.

De todo lo que ignoras te aprovechas;
ni anhelas premios, ni padeces daños,
y te dilatas cuanto más te estrechas.

[*Parnaso*, 60, b]

El que me niega lo que no merezco
me da advertencia, no me quita nada;
que en ambición sin méritos premiada
más me deshonro yo que me enriquezco.

Si con las otras malas yerbas crezco,
pues se aborrece más la más medrada,
mereceré el enojo de la azada
cuando inútil los surcos empobrezco.

Quien mi pobreza y soledad aumenta,
a pesar de su intento me asegura
y con lo que me niega me acrecienta.

No puede estar sujeto a desventura
quien teme el beneficio por afrenta,
quien tiene la esperanza por locura.

[*Parnaso*, 101]

109

FELICIDAD BARATA Y ARTIFICIOSA DEL POBRE

Con testa gacha toda charla escucho,
dejo la chanza y sigo mi provecho;
para vivir, escóndome y acecho,
y visto de paloma lo avechucho.

Para tener doy poco y pido mucho,
si tengo pleito, arrímome al cohecho,
ni sorbo angosto ni me calzo estrecho,
y cátame que soy hombre machucho.

Niego el antaño, píntome el mostacho,
pago a Silvia el pecado, no el capricho;
prometo y niego, y cátame muchacho.

Vivo pajizo, no visito nicho;
en lo que ahorro está mi buen despacho,
y cátame dichoso, hecho y dicho.

[*Parnaso*, 424, a]

Mi pobreza me sirve de Galeno,
menos bestial por falta de la mula;
presérvame de ahítos y de gula,
y el barro de asechanzas de veneno.

Cenas matan los hombres; yo no ceno;
ni ladrón ni heredero me atribula;
huevos me dan sufragio de la bula,
mas no la bula sin sufragio ajeno.

Nunca maté la sed en la taberna,
que aun de sed no es matante mi dinero,
y abstinencia forzosa me gobierna.

Mi hambre es sazonado cocinero,
pues del carnero me convierte en pierna
hasta los mismos huesos del carnero.

[*Parnaso*, 454, b]

TINTA CORROSIVA

HASTÍO DE UN CASADO AL TERCERO DÍA

Antiyer nos casamos; hoy querría,
doña Pérez, saber ciertas verdades:
decidme, ¿cuánto número de edades
enfunda el matrimonio en solo un día?

Un antiyer, soltero ser solía,
y hoy, casado, un sin fin de navidades
han puesto dos marchitas voluntades
y más de mil antaños en la mía.

Esto de ser marido un año arreo
aun a los azacanes empalaga:
todo lo cotidiano es mucho y feo.

Mujer que dura un mes se vuelve plaga:
aun con los diablos fue dichoso Orfeo,
pues perdió la mujer que tuvo en paga.

[*Parnaso*, 418, a]

Dícenme, don Jerónimo, que dices
que me pones los cuernos con Ginesa;
yo digo que me pones casa y mesa,
y en la mesa, capones y perdices.

Yo hallo que me pones los tapices
cuando el calor por el octubre cesa;
por ti mi bolsa, no mi testa, pesa,
aunque con molde de oro me la rices.

Este argumento es fuerte y es agudo:
tú imaginas ponerme cuernos; de obra
yo, porque lo imaginas, te desnudo.

Más cuerno es el que paga que el que cobra;
ergo, aquel que me paga, es el cornudo,
lo que de mi mujer a mí me sobra.

[*Parnaso*, 437, a]

A UN HOMBRE CASADO Y POBRE

Esta es la información, este el proceso
del hombre que ha de ser canonizado,
en quien, si advierte el mundo algún pecado,
admiró penitencia con exceso.

Diez años en su suegra estuvo preso,
a doncella y sin sueldo condenado;
padeció so el poder de su cuñado;
tuvo un hijo no más, tonto y travieso.

Nunca rico se vio con oro o cobre;
siempre vivió contento, aunque desnudo,
no hay descomodidad que no le sobre.

Vivió entre un herrador y un tartamudo;
fue mártir porque fue casado y pobre;
hizo un milagro, y fue no ser cornudo.

[Ms. de don A. Rodríguez-Moniño, f. 194 v.]

117

DESNUDA A LA MUJER DE LA MAYOR PARTE AJENA QUE LA COMPONE

Si no duerme su cara con Filena,
ni con sus dientes come, y su vestido
las tres partes le hurta a su marido
y la cuarta el afeite le cercena;

si entera con él come y con él cena,
mas debajo del lecho mal cumplido
todo su bulto esconde, reducido
a chapinzanco y moño por almena,

¿por qué te espantas, Fabio, que abrazado
a su mujer la busque y la pregone
si, desnuda, se halla descasado?

Si cuentas por mujer lo que compone
a la mujer, no acuestes a tu lado
la mujer, sino el fardo que se pone.

[*Parnaso*, 420, b]

PINTA EL «AQUÍ FUE TROYA» DE LA HERMOSURA

Rostro de blanca nieve, fondo en grajo,
la tizne presumida de ser ceja,
la piel que está en un tris de ser pelleja,
la plata que se trueca ya en cascajo;

habla casi fregona de estropajo,
el aliño imitado a la corneja,
tez que con pringue y arrebol semeja
clavel almidonado de gargajo.

En las guedejas, vuelto el oro orujo,
y ya merecedor de cola el ojo,
sin esperar más beso que el del brujo.

Dos colmillos comidos de gorgojo,
una boca con cámaras y pujo,
a la que rosa fue vuelven abrojo.

[*Parnaso*, 435, a]

MAÑOSO ARTIFICIO DE VIEJA DESDENTADA

Quéjaste, Sarra, de dolor de muelas
porque juzguemos que las tienes, cuando
te duelen por ausentes y, mamando,
bocados sorbes y los sorbos cuelas.

De las encías quiero que te duelas
con que estás el jigote aporreando;
no llames sacamuelas: ve buscando,
si le puedes hallar, un sacaabuelas.

Tu risa es, más que alegre, delincuente;
tienes sin huesos pulpas las razones,
y el raigón del mascar lugarteniente.

No es malo en amorosas ocasiones
el no poder jamás estar a diente,
aunque siempre te falten los varones.

[*Parnaso*, 422, b]

CALVO QUE NO QUIERE ENCABELLARSE

Pelo fue aquí en donde calavero;
calva no solo limpia, sino hidalga;
háseme vuelto la cabeza nalga:
antes greguescos pide que sombrero.

Si, cual Calvino soy, fuera Lutero,
contra el fuego no hay cosa que me valga,
ni vejiga o melón que tanto salga
el mes de agosto puesta al resistero.

Quiérenme convertir a cabelleras
los que en Madrid se rascan pelo ajeno
repelando las otras calaveras.

Guedeja réquiem siempre la condeno:
gasten caparazones sus molleras;
mi comezón resbale en calvatrueno.

[*Parnaso*, 423, a]

Madres, las que tenéis hijas,
ansí Dios os dé ventura
que no se las deis a calvos,
sino a gente de pelusa.
   Escarmentad en mí todas,
que me casaron a zurdas
con un capón de cabeza,
desbarbado hasta la nuca.
   Antes que calvicasadas
es mejor verlas difuntas,
que un lampiño de mollera
es una vejiga lucia,
   pues que si cincha la calva
con las melenas que anuda,
descubrirá con el viento
de trecho a trecho pechugas.
   Hay calvas sacerdotales,
y de estas calvas hay muchas
que en figura de coronas
vuelven los maridos curas.
   Calvas jerónimas hay
como las sillas de rúa:
cerco delgado y redondo;
lo demás, plaza y tonsura.
   Hay calvas asentaderas,
y habían los que las usan
de traerlas con greguescos
por tapar cosa tan sucia.
   Calvillas hay vergonzantes

como descalabraduras,
pero yo llamo calvarios
a las montosas y agudas.
 Hay calvatruenos también,
donde está la barahúnda
de nudos y de lazadas,
de trenzas y de costuras.
 Hay calvas de mapamundi
que con mil líneas se cruzan,
con zonas y paralelos
de carreras que las surcan.
 Hay aprendices de calvos
que el cabello se rebujan
y por tapar el melón
representan una furia.
 Yo he visto una calva rasa
que dándola el sol relumbra,
calavera de espejuelo,
vidriado de las tumbas.
 Marido de pie de cruz
con una muchacha rubia,
¿qué engendrará si se casa,
sino un racimo de Judas?»
 En esto, huyendo de un calvo,
entró una moza de Asturias,
de las que dicen que olvidan
los cogotes en la cuna,
 y a voces desesperadas,
maldiciendo su ventura,

dijo de aquesta manera,
cariharta y cejijunta:
    «Calvos van los hombres, madre,
calvos van,
mas ellos cabellarán.

    Cabéllense en hora buena,
pues como del brazo ha sido
siempre la manga el vestido,
hoy del casco, aunque sea ajena,
es bien lo sea la melena,
y que ande también galán.
    Calvos van los hombres, madre,
calvos van,
mas ellos cabellarán.

    ¿Quién hay que pueda creello
que haya por naturaleza
heréticos de cabeza,
calvinistas de cabello?
Los que se atreven a sello,
¿a qué no se atreverán?
    Calvos van los hombres, madre,
calvos van,
mas ellos cabellarán.

    Cuando hubo españoles finos,
menos dulces y más crudos,
eran los hombres lanudos;
ya son como perros chinos.
Zamarro fue Montesinos,
el Cid, Bernardo y Roldán.

Calvos van los hombres, madre,
calvos van,
mas ellos cabellarán.
    Si a los hombres los queremos
para pelarlos acá,
y pelados vienen ya,
si no hay qué pelar, ¿qué haremos?
Antes morir que encalvemos;
alerta, hijas de Adán.
    Calvos van los hombres, madre,
calvos van,
mas ellos cabellarán».

[*Parnaso*, 521]

No os espantéis, señora Notomía,
que me atreva este día,
con exprimida voz convaleciente,
a cantar vuestras partes a la gente,
que de hombres es, en casos importantes,
el caer en flaquezas semejantes.

Cantó la pulga Ovidio, honor romano,
y la mosca Luciano;
de las ranas Homero; yo confieso
que ellos cantaron cosas de más peso;
yo escribiré con pluma más delgada
materia más sutil y delicada.

Quien tan sin carne os viere, si no es ciego,
yo sé que dirá luego,
mirando en vos más puntas que en rastrillo,
que os engendró algún Miércoles Corvillo,
y quien pece os llamó no desatina,
viendo que, tras ser negra, sois espina.

Dios os defienda, dama, lo primero,
de sastre o zapatero,
pues por punzón o alesna es caso llano
que cada cual os cerrará en la mano,
aunque yo pienso que, por mil razones,
tenéis por alma un viernes con ciciones.

Mirad que miente vuestro amigo, dama,
cuando «mi carne» os llama,
que no podéis jamás en carnes veros,
aunque para ello os desnudéis en cueros,
mas yo sé bien que quedan en la calle
picados más de dos de vuestro talle.

Bien sé que apasionáis los corazones,
porque dais más pasiones
que tienen diez cuaresmas, con la cara,
que Amor hiere con vos como con jara,
que si va por lo flaco tenéis voto
de que sois más sutil que lo fue Scoto.

Y aunque estáis tan angosta, flaca mía,
tan estrecha y tan fría,
tan mondada y enjuta y tan delgada,
tan roída, exprimida y destilada,
estrechamente os amaré con brío,
que es amor de raíz el amor mío.

Aun la sarna no os come con su gula,
y sola tenéis bula
para no sustentar cosas vivientes;
por solo ser de hueso tenéis dientes,
y de acostarse ya en partes tan duras
vuestra alma diz que tiene mataduras.

Hijos somos de Adán en este suelo,
la nada es nuestro abuelo,
y salístele vos tan parecida
que apenas fuisteis algo en esta vida;
de ser sombra os defiende no el donaire,
sino la voz, y aqueso es cosa de aire.

De los tres enemigos que hay del alma
llevárades la palma,
y con valor y pruebas excelentes
los venciérades vos entre las gentes
si por dejar la carne de que hablo
el mundo no os tuviera por el diablo.

Díjome una mujer por cosa cierta
que nunca vuestra puerta
os pudo un punto dilatar la entrada
por causa de hallarla muy cerrada,
pues, por no deteneros aun llamando,
por los resquicios os entráis volando.

Con mujer tan aguda y amolada,
consumida, estrujada,
sutil, dura, buida, magra y fiera,
que ha menester por no picar contera,
no me entremeto, que si llego al toque
conocerá de mí el señor San Roque.

Con vos, cuando muráis tras tanta guerra,
segura está la tierra
que no sacará el vientre de mal año,

y pues habéis de ir flaca en modo extraño,
sisándole las ancas y la panza,
os podrán enterrar en una lanza.

   Solo os pido, por vuestro beneficio,
que el día del Juicio
troquéis con otro muerto en las cavernas
esas devanaderas y esas piernas,
que si salís con huesos tan mondados
temo que haréis reír los condenados.

   Salvaros vos tras eso es cosa cierta,
dama, después de muerta,
y tiénenlo por cosa muy sabida
los que ven cuán estrecha es vuestra vida,
y así que os vendrá al justo se sospecha
camino tan angosto y cuenta estrecha.

   Canción, ved que es forzosa
que os venga a vos muy ancha cualquier cosa;
parad, pues es negocio averiguado
que siempre quiebra por lo más delgado.

[*Flores de poetas ilustres*, pág. 90]

A UNA MOZA HERMOSA QUE COMÍA BARRO

Tú sola, Cloris mía,
que si miras sin velo
la vida puedes alargar al día,
has podido juntar la tierra al cielo,
pero a riesgos te pones
en ser cielo goloso de terrones;
mira que en quien de barros está llena
es calle de Getafe cada vena.
Empiécese a comer su sepultura
en barros disfrazada,
mujer manida y güera y arrugada;
y en tu niñez lozana, en tu hermosura,
no profanen con barro a tus rubíes
las perlas con que mascas, con que ríes.
Que tu gusto no entierres hoy mi aviso
te advierte, Cloris bella, porque siendo
en carne soberano paraíso,
cuando con barro la salud estragas,
no el paraíso terrenal te hagas.
Barro es cuanto en mis versos te prohíbo,
mas no es barro enterrar tu cuerpo vivo.
Confieso que de verte pena tomo
roer con perlas el memento homo,
y si en tu pulideza no es desgarro,
muérdeme a mí, pues soy también de barro.
Son tus mejillas, Clori, primavera;
tú de flores socorres la ribera:
ten flores, pues tu rostro es mayo eterno;
tenga barros el rostro que es hibierno.

[Parnaso, 467]

BODA DE NEGROS

Vi, debe de haber tres días,
en las gradas de San Pedro
una tenebrosa boda
porque era toda de negros.
  Parecía matrimonio
concertado en el infierno:
negro esposo y negra esposa
y negro acompañamiento.
  Sospecho yo que, acostados,
parecerán sus dos cuerpos
junto el uno con el otro
algodones y tintero.
  Hundíase de estornudos
la calle por do volvieron,
que una boda semejante
hace dar más que un pimiento.
  Iban los dos de las manos
como pudieran dos cuervos;
otros dicen como grajos
porque a grajos van oliendo.
  Con humos van de vengarse,
que siempre van de humos llenos,
de los que, por afrentarlos,
hacen los labios traseros.
  Iba afeitada la novia
todo el tapetado gesto
con hollín y con carbón
y con tinta de sombreros.
  Tan pobres son que una blanca

no se halla entre todos ellos,
y por tener un cornado
casaron a este moreno.

Él se llamaba Tomé
y ella Francisca del Puerto;
ella esclava y él es clavo
que quiere hincársele en medio.

Llegaron al negro patio
donde está el negro aposento
en donde la negra boda
ha de tener negro efeto.

Era una caballeriza
y estaban todos inquietos,
que los abrasaban pulgas
por perrengues o por perros.

A la mesa se sentaron,
donde también les pusieron
negros manteles y platos,
negra sopa y manjar negro.

Echóles la bendición
un negro veintidoseno
con un rostro de azabache
y manos de terciopelo.

Diéronles el vino tinto,
pan entre mulato y prieto,
carbonada hubo por ser
tizones los que comieron.

Hubo jetas en la mesa
y en la boca de los dueños,
y hongos, por ser la boda
de hongos, según sospecho.

Trujeron muchas morcillas,
y hubo algunos que, de miedo,
no las comieron, pensando
se comían a sí mismos.
Cuál, por morder del mondongo,
se atarazaba algún dedo,
pues solo diferenciaban
en la uña de lo negro.
Mas cuando llegó el tocino
hubo grandes sentimientos
y pringados con pringadas
un rato se enternecieron.
Acabaron de comer
y entró un ministro guineo
para darles aguamanos
con un coco y un caldero.
Por toalla trujo al hombro
las bayetas de un entierro;
laváronse y quedó el agua
para ensuciar todo un reino.
Negros de ellos se sentaron
sobre unos negros asientos,
y en voces negras cantaron
también denegridos versos:
    «Negra es la ventura
de aquel casado
cuya novia es negra
y el dote en blanco».

[*Parnaso*, 510]

Puto es el hombre que de putas fía
y puto el que sus gustos apetece;
puto es el estipendio que se ofrece
en pago de su puta compañía.

Puto es el gusto y puta la alegría
que el rato putaril nos encarece,
y yo diré que es puto a quien parece
que no sois puta vos, señora mía.

Mas llámenme a mí puto enamorado
si al cabo para puta no os dejare,
y como puto muera yo quemado

si de otras tales putas me pagare,
porque las putas graves son costosas,
y las putillas viles, afrentosas.

[Ms. 108, Bibl. Menéndez Pelayo, f. 182 v.]

EPITAFIO A UN ITALIANO LLAMADO JULIO

Yace en aqueste llano
Julio el italiano,
que a marzo parecía
en el volver de rabo cada día.
Tú, que caminas la campaña rasa,
cósete el culo, viandante, y pasa.

Murióse el triste mozo malogrado
de enfermedad de mula de alquileres,
que es decir que murió de cabalgado.
Con palma le enterraron las mujeres,
y si el caso se advierte,
como es hembra la Muerte,
celosa y ofendida
siempre a los putos deja corta vida.

Luego que le enterraron,
del cuerpo corrompido
gusanos se criaron,
a él tan parecidos
que en diversos montones
eran unos con otros bujarrones.

[Ms. 108, Bibl. Menéndez Pelayo, f. 154 v.]

A UN BUJARRON

Aquí yace Misser de la Florida,
y dicen que le hizo buen provecho
a Satanás su vida.
Ningún coño le vio jamás arrecho;
de Herodes fue enemigo y de sus gentes
no porque degolló los inocentes,
mas porque, siendo niños y tan bellos,
los mandó degollar y no jodellos,
pues tanto amó los niños y de suerte
(inmenso bujarrón hasta la muerte)
que si él en Babilonia se hallara
por los tres niños en el horno entrara.

¡Oh, tú, cualquiera cosa que te seas,
pues por su sepultura te paseas,
o niño o sabandija
o perro o lagartija
o mico o gallo o mulo
o sierpe o animal que tengas cosa
que de mil leguas se parezca a culo,
guárdate del varón que aquí reposa,
que, tras un rabo, bujarrón profundo,
si le dejan, vendrá del otro mundo!

No en tormentos eternos
condenaron su alma a los infiernos,
mas los infiernos fueron condenados
a que tengan su alma y sus pecados;
pero si honrar pretendes su memoria,
di que goce de mierda y no de gloria,
y pues tanta lisonja se le hace,
di: «Requiescat in culo, mas no in pace».

[Ms. 108, Bibl. Menéndez Pelayo, f. 155 v.]

GÓNGORA

Poeta de *¡Oh, qué lindicos!*,
verdugo de los vocablos,
que a puras vueltas de cuerda
los haces que digan algo;
perseguidor de los ríos
como si fueras borracho,
sin perdonar a las fuentes
ni, por lo sucio, a los charcos;
tú, que de tajo le diste
en un romancito a Tajo
porque en las sierras de Cuenca
le dan los pinos de palos,
acordársete debiera
de aquel buen tiempo pasado
que fuiste poeta Encina
por lo que te varearon.
Poeta de bujarrones
y sirena de los rabos,
pues son de ojos de culo
todas tus obras o rasgos;
caballero porque nunca
has caído de tu asno;
escoba de la basura
de las ninfas del Parnaso;
poeta de lo comido,
musa de desatacados,
ingenio de melecina
que siempre apunta a lo bajo,
no es posible que seas hijo

de ciudad a cuyos partos
debe Roma y todo el mundo
los Sénecas y Lucanos.

Córdoba no te parió,
si no es que se hizo preñado
algún arrabal de ti
y que naciste en el campo.

Racionero dicen que eres,
mas yo irracional te hallo,
aunque en la cola y lo sucio
canónigo eres del Rastro.

Góngora te llaman todos,
ilustre apellido y claro,
mas viénete como al potro
el Manrique, por su amo.

¿Quién te mete con los griegos
aun no siendo tú troyano?
¿Por qué de lo que no has visto
hablas como papagayo?

¿Qué te hizo Anacreonte
en los versos castellanos
que le alabas cuando más
pretendes vituperallo?

Sus «suavidades (llamaste)
de arrope», y has acertado
que es mosto dulce y él hizo
dulce el mosto con su canto.

Y al pobre Lope de Vega
te lo llevaste de paso
solo por llamarse Lope,
de tu consonante esclavo.

¿Qué te movió a poner lengua
en dos ingenios tan raros
sin ser bacines ni pullas,
que son vínculo a tus labios?

Como Eróstrato, quisiste
hallándote despreciado
quemar lo mejor del mundo,
abrasar dos templos altos,

que es tanta la infamia tuya
que buscas nombre, afrentado
por medio de un gran castigo,
a costa de mil agravios.

Hiciéraste tus coplitas
una bueno y otro malo,
y cuando van por aceite
cantáranlas los muchachos.

De la brida a la jineta,
estribos cortos y largos
remataran de tus chistes
los conceptillos de asco,

y dejaras de pedir
antojos, de vista falto,
pues los que tú has menester
son los que traen los caballos.

Para sacar versos flojos,
o sea, para soltarlos,
basta la vena que tienes:
hartos arrojas cada año.

No entendemos los greguescos
por acá, aunque los usamos;
dánoslos a entender tú,

que andas siempre en esos barrios.
    Y advierte que ni Quevedo
ni Lope harán de ti caso
para honrarte con respuesta,
que fuera grande pecado.
    Yo, que soy un poetilla
hijo de todos los diablos,
humildemente nacido
entre hongos y entre esparto,
    como el barbero aprendiz,
que para probar la mano
se ejercita en zanahorias
antes que en venas de brazos,
    así yo poeticomienzo
para ver cómo lo hago,
atreveréme después
a satirizar cristianos;
    Gongorilla, Gongorilla,
de parte de Dios te mando
que, en penitencia de haber
hecho soneto tan malo,
    andes como Juan Guarín,
doce años como gato
y con tu soneto al cuello,
por escarmiento y espanto.
    Y advierte que si respondes
a estos versos, mentecato,
que te aguarda por respuesta
otro romance más largo.
    Y que desde aqueste punto
toda mi vida consagro

a decir mal de tus cosas,
aun entre sueños hablando.

Contra Galicia escribiste,
tierra de tocino y nabos,
que, como toda es limpieza,
toda junta te dio enfado.

Muy dificultoso eres:
no te entenderá un letrado,
pues, aborreciendo puercos,
lo puerco celebras tanto.

Cristiano viejo no eres
porque aún no te vemos cano;
hi de algo, eso sin duda,
pero con duda hidalgo.

Llámate quien te conoce
Mondonguero del Parnaso,
pues vaciar y llenar vientres
tienes solamente a cargo.

Almorrana eres de Apolo,
por donde el dios, soberano
gracioso, purga inmundicias
y sangre si está enojado.

Dícenme tienes por lengua
una tripa entre los labios,
viendo que hablas con ella
ventosidad todo el año.

Y para adelante digo
que te enmiendes de tus cargos,
y pues eres manicorto,
no seas tan lengüilargo.

[Ms. 108, Bibl. Menéndez Pelayo, f. 175]

SONETO

Yo te untaré mis obras con tocino
porque no me las muerdas, Gongorilla,
perro de los ingenios de Castilla,
docto en pullas, cual mozo de camino.

Apenas hombre, sacerdote indino
que aprendiste sin christus la cartilla,
chocarrero de Córdoba y Sevilla,
y en la Corte bufón a lo divino.

¿Por qué censuras tú la lengua griega
siendo solo rabí de la judía,
cosa que tu nariz aun no lo niega?

No escribas versos más, por vida mía,
aunque aquesto de escribas se te pega
por tener de sayón la rebeldía.

[Mss. 3795, f. 77 v., y 4117, f. 284 v., de la Bibl. Nacional]

CONTRA EL MESMO

¿Qué captas, noturnal, en tus canciones,
Góngora bobo, con crepusculallas,
si cuando anhelas más garcibolallas
las reptilizas más y subterpones?

Microcosmote Dios de inquiridiones,
y quieres te investiguen por medallas
como priscos, estigmas o antiguallas,
por desitinerar vates tirones.

Tu forasteridad es tan eximia
que te ha de detractar el que te rumia,
pues ructas viscerable cacoquimia,

farmacofolorando como numia
si estomacabundancia das tan nimia,
metamorfoseando el arcadumia.

[Ms. 108, Bibl. Menéndez Pelayo, f. 166 v.]

Alguacil del Parnaso, Gongorilla,
pues vives de las décimas que haces
y en los conventos pasces
gorra de otra capilla en la capilla;
si Guadarrama no, ya Calcaborra,
o tus desvergonzadas canas borra,
o envejece los dijes de tu seso;
la contrición suceda a lo travieso,
no te halle la muerte en esos labios
u en esos cortezones,
en vez de misereres, coridones.
Tu décima he leído
contra el cojo poeta esclarecido.
Yo, que su ingenio admiro, no su paso,
no hago de ti caso,
que si de ti le hiciera,
cecina del Parnaso,
musa momia, famélica figura,
darte seiscientos garrotazos fuera
para lo que tu chola merecía,
poca palestra a la región vacía.

No sea griego Quevedo, sea troyano,
mas en romance, ingenio soberano.
No sea Lope latino,
mas fecundo escriptor, dulce y divino.
No sea francés Juan Pablo,
¿estás contento, diablo?;
y solamente tú, Matus Gongorra,

cuando garcicopleas *Soledades*,
francigriegas latinas necedades,
siendo así (Mendocilla me lo dijo)
obras ambas de artífice prolijo.

   Dime, orejón poeta,
ver que se celebrara
de Quevedo el ingenio y la mollera,
¿de tanta invidia era
para que, magras las quijadas rancias,
en ti le persiguieran a porfía
de un gerifalte boreal arpía?
Trata de extremaunción y no de musas,
que escribes moharraches,
Bosco de los poetas,
todo diablos y culos y braguetas,
que con tus decimillas
adjetivas demonios y capillas,
contra el púlpito flechas,
contra Florencia escribes
y dicen lenguas ruines
que de atrás os conocen florentines.
Dejas pasar sin décima
al otro don Francisco,
que allá en Caramanchel tuvo su aprisco,
que de tu coche hizo sinagoga
y de entre tu manteo y tu sotana
la Sancta le agarró cierta mañana,
¿y al don Francisco sin Moisén copleas?

La vieja ley, carroño, lisonjeas.
¡Oh junta, culta sí, mas deshonesta,
a los rayos de Júpiter expuesta!
Dejad estas contiendas
porque ya de vosotros
anda entre el judïazo y entre el juego
humo anhelando el que no suda fuego.
Sacerdote de anillo,
de cuantas veces truecas la comida,
trueca una vez la bufa, otra la vida,
pues es tal por de dentro
tu cuerpo, ¡oh rapacilla calavera!,
que la propria comida se hace afuera
y por no estar tan mal aposentados
por tu boca reculan los bocados,
pues tu lengua maldita,
que en Esgueva aprendió tan bajo oficio
(profesó ya de paño de servicio),
sus diligencias hace
por no estar en tu boca, Dios la oiga,
y a las señas que hace de ahorcado
solo falta el verdugo y yo sospecho
que te fuera consuelo,
según eres de sucio, si se advierte,
por ver un culo al trance de tu muerte.
Duélete de ti proprio,
pues tienes las quijadas
en esa nuez que alguna vez fue cara
impenetrable casi a la cuchara.

A los pies de Quevedo
estás siempre en soneto y remoquete;
Luisillo, cosas tienes de juanete.
Musas merlincocayas bisabuelas,
meted al viejo adunco, si canoro,
vuestros corchos por uno y otro poro.
Pues ¿qué hiciérades todas,
viéndole presidir en un garito,
cuando pidiendo naipes y barato
a bocados y coces
número crece y multiplica voces?
Mas en las caduqueces que publica
quiere, sin admitir los desengaños,
que en letras pocas lean muchos años,
que ya envenena mucho cuanto toca
el prodigioso fuelle de su boca.

No es tu ración de Córdoba, entrevelo,
que tus embestiduras y tus bribias
dicen a los que somos cordobeses
que la tuya es ración de los marqueses.
Muda costumbres antes que pellejo
si tu neutralidad sufre consejo.
Paréceme que llamas como sueles,
tú y esotro mancebo de la honda,
un paladín de sienes que responda,
un marido linterno,
breve de barba, duro no de cuerno.
¿Quién sino Satanás batir pudiera
berrendo y reverendo, y un judío
que se quemaba de mirar el río?

¿Quién pudo adjetivar sino tú solo,
que al vicio das la boga,
púlpito con garito y sinagoga?
Por eso, en insolente desatino,
solo te codició Paravicino.
Y págalo Quevedo
porque compró la casa en que vivías,
molde de hacer arpías,
y me ha certificado el pobre cojo
que de tu habitación quedó de modo
la casa y barrio todo
hediendo a Polifemos estantíos,
coturnos tenebrosos y sombríos,
y con tufo tan vil de Soledades
que para perfumarla
y desengongorarla
de vapores tan crasos
quemó como pastillas Garcilasos,
pues era con tu vaho el aposento
sombra del sol y tósigo del viento.

[Ms. 108, Bibl. Menéndez Pelayo, f. 168]

BAJOS FONDOS

CARTA DE ESCARRAMÁN A LA MÉNDEZ

Ya está guardado en la trena
tu querido Escarramán,
que unos alfileres vivos
me prendieron sin pensar.
Andaba a caza de gangas
y grillos vine a cazar
que en mí cantan como en haza
las noches de por San Juan.
Entrándome en la bayuca,
llegándome a remojar
cierta pendencia mosquito,
que se ahogó en vino y pan,
al trago sesenta y nueve,
que apenas dije «Allá va»,
me trujeron en volandas
por medio de la ciudad.
Como al ánima del sastre
suelen los diablos llevar,
iba en poder de corchetes
tu desdichado jayán.
Al momento me embolsaron
para más seguridad
en el calabozo fuerte
donde los godos están.
Hallé dentro a Cardeñoso,
hombre de buena verdad,
manco de tocar las cuerdas
donde no quiso cantar.

Remolón fue hecho cuenta
de la sarta de la mar
porque desabrigó a cuatro
de noche en el Arenal.

Su amiga la Coscolina
se acogió con Cañamar,
aquel que sin ser San Pedro
tiene llave universal.

Lobrezno está en la capilla;
dicen que le colgarán
sin ser día de su santo,
que es muy bellaca señal.

Sobre el pagar la patente
nos venimos a encontrar
yo y Perotudo el de Burgos:
acabóse la amistad.

Hizo en mi cabeza tantos
un jarro, que fue orinal,
y yo con medio cuchillo
le trinché medio quijar.

Supiéronlo los señores,
que se lo dijo el guardián,
gran saludador de culpas,
un fuelle de Satanás,

y otra mañana a las once,
víspera de San Millán,
con chilladores delante
y envaramiento detrás,

a espaldas vueltas me dieron
el usado centenar,
que sobre los recibidos

son ochocientos y más.
    Fui de buen aire a caballo,
la espalda de par en par,
cara como del que prueba
cosa que le sabe mal;
    inclinada la cabeza
a monseñor cardenal,
que el rebenque, sin ser papa,
cría por su potestad.
    A puras pencas se han vuelto
cardo mis espaldas ya;
por eso me hago de pencas
en el decir y el obrar.
    Agridulce fue la mano;
hubo azote garrafal;
el asno era una tortuga,
no se podía menear.
    Solo lo que tenía bueno
ser mayor que un dromedal,
pues me vieron en Sevilla
los moros de Mostagán.
    No hubo en todos los ciento
azote que echar a mal,
pero a traición me los dieron:
no me pueden agraviar.
    Porque el pregón se entendiera
con voz de más claridad,
trujeron por pregonero
las sirenas de la mar.
    Envíanme por diez años
(¡sabe Dios quién los verá!)

a que, dándola de palos,
agravie toda la mar.
   Para batidor del agua
dicen que me llevarán,
y a ser de tanta sardina
sacudidor y batán.
   Si tienes honra, la Méndez,
si me tienes voluntad,
forzosa ocasión es esta
en que lo puedes mostrar:
   contribúyeme con algo,
pues es mi necesidad
tal que tomo del verdugo
los jubones que me da,
   que tiempo vendrá, la Méndez,
que alegre te alabarás
que a Escarramán por tu causa
le añudaron el tragar.
   A la Pava del cercado,
a la Chirinos, Guzmán,
a la Zolla y a la Rocha,
a la Luisa y la Cerdán,
   a mama y a taita el viejo,
que en la guarda vuestra están,
y a toda la gurullada
mis encomiendas darás.
   Fecha en Sevilla, a los ciento
de este mes que corre ya,
el menor de tus rufianes
y el mayor de los de acá.

[*Parnaso*, 341]

Con un menino del padre,
tu mandil y mi avantal,
de la cámara del golpe,
pues que su llave la trae,
    recibí en letra los ciento
que recibiste, jayán,
de contado, que se veían
uno al otro al asentar.
    Por matar la sed te has muerto;
más valiera, Escarramán
por no pasar esos tragos
dejar otros de pasar.
    Borrachas son las pendencias,
pues tan derechas se van
a la bayuca, donde hallan,
besando los jarros, paz.
    No hay quistión ni pesadumbre
que sepa, amigo, nadar;
todas se ahogan en vino;
todas se atascan en pan.
    Si por un chirlo tan solo
ciento el verdugo te da,
en el dar ciento por uno
parecido a Dios será.
    Si tantos verdugos catas,
sin duda que te querrán
las damas por verdugado
y las izas por rufián.
    Si te han de dar más azotes

sobre los que están atrás,
estarán unos sobre otros
o se habrán de hacer allá.
    Llevar buenos pies de albarda
no tienes que exagerar,
que es más de muy azotado
que de jinete y galán.
    Por buen supuesto te tienen,
pues te envían a bogar;
ropa y plaza tienes cierta,
y a subir empezaras.
    Quéjaste de ser forzado;
no pudiera decir más
Lucrecia del rey Tarquino,
que tú de su Majestad.
    Esto de ser galeote
solamente es empezar;
que luego, tras remo y pito,
las manos te comerás.
    Dices que te contribuya,
y es mi desventura tal,
que si no te doy consejos,
yo no tengo qué te dar.
    Los hombres por las mujeres
se truecan ya taz a taz,
y si les dan algo encima,
no es moneda lo que dan.
    No da nadie sino a censo,
y todas queremos más
para galán un pagano
que un cristiano sin pagar.

A la sombra de un corchete
vivo en aqueste lugar,
que es para los delincuentes
árbol que puede asombrar.
De las cosas que me escribes,
he sentido algún pesar,
que le tengo a Cardeñoso
entrañable voluntad.
¡Miren qué huevos le daba
el asistente a tragar
para que cantara tiples,
sino agua, cuerda y cendal!
Que Remolón fuese cuenta
heme holgado en mi verdad,
pues por aquese camino
hombre de cuenta será.
Aquí derrotaron juntos
Coscolina y Cañamar,
en cueros por su pecado,
como Eva con Adán.
Pasáronlo honradamente
en este honrado lugar,
y no siendo picadores
vivieron, pues, de hacer mal.
Espaldas le hizo el verdugo,
mas debióse de cansar,
pues habrá como ocho días
que se las deshizo ya.
Y muriera como Judas,
pero anduvo tan sagaz
que negó, sin ser San Pedro,

tener llave universal.

Perdone Dios a Lobrezno
por su infinita bondad,
que ha dejado sin amparo
y muchacha a la Luján.

Después que supo la nueva,
nadie la ha visto pecar
en público, que de pena
va de zaguán en zaguán.

De nuevo no se me ofrece
cosa de que te avisar,
que la muerte de Valgarra
ya es añeja por allá.

Cespedosa es ermitaño
una legua de Acalá;
buen diciplinante ha sido,
buen penitente será.

Baldorro es mozo de sillas
y lacayo Matorral,
que Dios por este camino
los ha querido llamar.

Montúfar se ha entrado a puto
con un mulato rapaz
que por lucir más que todos
se deja el pobre quemar.

Murió en la ene de palo
con buen ánimo un gañán,
y el jinete de gaznates
lo hizo con él muy mal.

Tiénenos muy lastimadas
la justicia sin pensar

que se hizo en nuestra madre,
la vieja del arrabal,
    pues sin respetar las tocas,
ni las canas ni la edad,
a fuerza de cardenales
ya la hicieron obispar.

    Tras ella, de su motivo,
se salían del hogar
las ollas con sus legumbres:
no se vio en el mundo tal,
    pues cogió más berenjenas
en una hora, sin sembrar,
que un hortelano morisco
en todo un año cabal.

    Esta Cuaresma pasada
se convirtió la Tomás
en el sermón de los peces,
siendo el pecado carnal.

    Convirtióse a puros gritos;
túvosele a liviandad
por no ser de los famosos,
sino un pobre sacristán.

    No aguardó que la sacase
calavera o cosa tal,
que se convirtió de miedo
al primero Satanás.

    No hay otra cosa de nuevo,
que en el vestir y el calzar
caduca ropa me visto
y saya de mucha edad.

Acabado el decenario
adonde agora te vas,
tuya seré, que tullida
ya no me puedo mudar.

Si acaso quisieras algo
o se te ofreciera acá,
mándame, pues de bubosa
yo no me puedo mandar.

Aunque no de Calatrava,
de Alcántara ni San Juan,
te envían sus encomiendas
la Téllez, Caravajal,

la Collantes valerosa,
la golondrina Pascual,
la Enríquez Maldegollada,
la Palomita torcaz.

Fecha en Toledo la rica,
dentro del pobre hospital,
donde trabajos de entrambos
empiezo agora a sudar.

[*Parnaso*, 343]

Todo se sabe, Lampuga,
que ha dado en chismoso el diablo
y entre jayanes y marcas
nunca ha habido secretario.
Dios me entiende y yo me entiendo;
ya sé que te dan el pago
las señoras de alquiler,
las mancebitas de a cuatro.
Dejásteme en Talavera
a la sombra de un gitano,
hombre gafo de los potros
y aturdido de los asnos.
No son los dotores los matasanos,
sino los procesos y el escribano.
A lo menos que se puede
pasan aquí los pecados:
tierra barata de culpas,
mucho amor y pocos cuartos.
A una mujer forastera
los hijos del vidriado
no la dan, Lampuga, un gozque
si pueden darle un alano.
En la feria de Torrijos
me empeñé con un mulato,
corchete fondos en zurdo,
barba y bigotes de ganchos.
En cas del padre nos fuimos
por no escandalizar tanto,
y porque quien honra al padre

diz que vive muchos años.

A soplos, como candil,
murió el malaventurado,
porque se halló cierta joya
antes de perderla el amo.

Diole en llegando a Madrid
pujamiento de escribanos,
y murió de mala gana
de una esquinencia de esparto.

Como tórtola viuda
quedé, pero no sin ramo,
pues en el de una taberna
estuve arrullando tragos.

Al mar se llegó Gayoso
por organista de palos;
dicen que llevó hacia allá
el juboncillo de cardo.

Con las manos en la masa
está Domingo Tiznado
haciendo tumbas a moscas
en los pasteles de a cuatro.

El Gangoso es pregonero,
tiple de los azotados,
abreviando el «quien tal hace»
al que no le paga el canto.

Para las Ánimas pide
Zaramagullón el largo;
muy animado le veo
de meriendas y de sayo.

Luquillas es aguador
con repostero de andrajos;

con enaguas tiene el cuero,
muy adamado de tragos.
Con nombre de Valdemoro
vende por azumbres charcos:
ranas en vez de mosquitos
suelen nadar en los vasos.
Mojarrilla acomodó
su barbaza de ermitaño,
aunque a solas con amigos
usa de malos resabios.
Por aquí pasó el Manquillo,
por aquí pasó el Fardado,
solos y a pie, y cada uno
con ducientos de a caballo.
Por arremangar un cofre
fueron los desventurados,
la mitad diciplinantes,
jinetes de medio abajo.
Iba delante el bramón
y detrás el varapalo,
y con su capa y su gorra
hecho novio el «Sepancuantos».
Ahogado con zaragüelles
murió Lumbreras el braco,
con su poquito de credo,
sin sermón y sin desmayo.
Pareció muy bien a todos
que su amiga la Velasco
llenó la horca de ciegos
que le juntaron muchachos.

Todos aguardan, Lampuga,
que te suceda otro tanto,
que se ruge por acá
no sé qué de tu espinazo.
   Avisa de lo que fuere
para que en todo mi barrio
conozcan lo que me debes;
que aún no he desdoblado el manto.

[*Parnaso*, 345]

RESPUESTA DE LAMPUGA A LA PERALA

Allá va en letra Lampuga;
recógele, la Peral;
guarde el Señor tus espaldas
y mi garganta San Blas.
    Hija, todos somos hombres;
nadie se puede espantar
ni de que azote el verdugo
ni de que apare el rufián,
    y pues a quien dan no escoge,
no tuve qué desechar,
aunque dos veces, de enojo
me estuve por apear.
    Dígolo porque lo digo
y no lo digo por más,
pues son acontecimientos
entre penca y espaldar.
    El ruin agravia a los buenos;
el rey no puede agraviar;
estos señores se enojan
y alégrase la ciudad.
    Con azotes y sin ellos
se sabe mi calidad;
cien mientes te envío en blanco
para quien hablare mal.
    Todo hijo de tintero
no tiene que murmurar,
pues en Sanlúcar fui huésped
en cas de su majestad.
Luego el rigor de justicia

me hizo ruido detrás;
asentábanme un capelo
y alzábase un cardenal.

Calentábase el azote
en las costillas de Blas,
y pasaba de las mías
a la giba de Mochal.

Como azotado novicio,
Monorros hizo ademán,
mas hanos dado palabra
que otra vez se enmendará.

A Cogullo le sacaron
por un hurto venial
entre gente tan honrada
a la vergüenza no más.

Él es un bellaco pueblo
y azotan en él muy mal:
azotones desabridos,
a menudo y sin contar.

La gente mal inclinada,
de tan poca caridad
que a un forastero azotado
ninguno le viene a honrar.

Con un pícaro no hicieran,
amiga, tan gran maldad:
solo y sin muchachos iba,
y azotar que azotarás.

Hanse servido de darme
ministerio de humedad
donde empujando maderos
soy escribano naval.

Más raso voy que día bueno,
con barba sacerdotal;
soy ovejita del agua
que me llaman con silbar.

Letrado de las sardinas,
no atiendo sino a bogar,
graduado por la cárcel,
maldita universidad.

De un ginovés pajarito
ya nos desnuda el chiflar,
y el ceñidor de una cuba
desnudos nos ciñe ya.

Andamos a chincharrazos
al dormir y al pelear,
siempre comemos bizcochos
de las monjas de la mar.

Es canónigo de pala
Perico el de Santo Horcaz,
y lampiño de navaja
el desdichado Beltrán.

Entre los calvos con pelo
que se usan por acá,
Londoño el de Talavera
hace una vida ejemplar.

De limosna se ha venido
tras mí la tuerta de Orgaz;
sus pecados son mi hacienda,
ella mi vino y mi pan.

Es ejemplo de pobretas
y no la conocerás;
peca con mucha cordura

todo el día sin chistar.

    Aguedilla la Bermeja
se cansó de zarandar
y está haciendo buena vida
en la venta del Abad.

    A Padurre, mozo tinto
y tenebroso galán,
por traidor de zaragüelles
le mandaron chicharrar.

    Por honrador del estaño,
escribe, de Madrid, Juan,
que Gazpe fue luminaria
del camino de Alcalá.

    Queman por hacer moneda
a quien no sabe heredar,
y al que la hereda y deshace
no le han quemado jamás.

    Ayer tuve una mojina
por un pedazo de pan
y con un harro de vino
di respuesta a un orinal.

    No te gastes en mandiles,
estima tu calidad;
apártate de Carreño,
que tiene espalda mollar.

    Más me cuestas de pregones
y suela de Fregenal,
que valen seis azotados
si los llegan a tasar.

    Guárdame de ti un pedazo
para en acabando acá,

que seis años de galeras
remando se pasarán.
 A todas esas señoras,
bullidoras del holgar,
las darás mis encomiendas,
que soy amigo de dar.
 Hoy, este mes y este año,
aquí, pues no puedo allá,
en cas del señor Guardoso
de manos de habilidad,
 yo, seiscientos, porque firmo
ya del número cabal,
descontándome la tara
de los que sin cuenta dan.

[*Parnaso*, 347]

Allá va con un sombrero
que lleva, por lo de Flandes,
más plumas que la Provincia,
más corchetes que la cárcel.
   Va con pasos de pasión
de crucificar amantes
y con donaires sayones
que los dineros taladren,
   el talle de no dejar
aun dineros en agraces,
aire de llevar la bolsa
al más guardoso en el aire.
   En los ojos trae por niñas
dos mercaderes rapantes
que al rico avariento cuentan
en el infierno los reales;
   dos demandas por empresa
con una letra delante:
«Mujer que demanda siempre,
Satanás se lo demande».
   Lleva en sus manos y dedos
a todos los Doce Pares,
Galalones por las uñas
y por la palma Roldanes.
   Una pelota en su pala
lleva, y escrito delante:
«Ha de quedar en pelota
quien me dejare que saque».
   Y para que se acometan

y las viseras se calen,
los pífanos y las cajas
confusas señales hacen.
Tan, tan, tan, tan,
tan pobres los tiempos van,
que piden y no nos dan,
dan, dan, dan, dan.
No de punta en blanco
van armadas ya,
mas de puño en blanca
y de puño en real.
Botes de botica
no hacen tanto mal
como los de uña
que en las tiendas dan.
No sabe en su tajo
el bolsón nadar,
viejas remolinos
sorben su caudal.
Del uñas abajo,
¿quién se esconderá?
Del uñas arriba,
no basta volar.
Tan, tan, tan, tan,
tan pobres los tiempos van,
que piden y no nos dan,
dan, dan, dan, dan.

[*Parnaso*, 396]

LETRILLA SATÍRICA

Fui bueno, no fui premiado,
y viendo revuelto el polo,
fui malo y fui castigado,
ansí que para mí solo
algo el mundo es concertado.
Los malos me han envidiado;
los buenos no me han creído;
mal bueno y buen malo he sido:
más me valiera no ser.
Esta es la justicia
que mandan hacer.

Viendo que la hipocresía
arreboza delincuentes,
contra el registro del día
quise pasar a las gentes
por virtud de maldad mía.
Ayunos contrahacía,
ahítos disimulaba,
de milagros amagaba
a las horas de comer.
Esta es la justicia
que mandan hacer.

Siempre he mentido después
del señor a quien mentía,
y en ley de cortesanía
peor que aun la verdad es
una mentira tardía.

Di en mentir en profecía
y aun no alcanzaba a mis amos,
y entre ciento que mintamos
mi enredo no es menester.
Esta es la justicia
que mandan hacer.

　Desgraciado lisonjero
soy, si despacio lo miras,
porque adulando severo,
como creen ya mis mentiras,
me temen por verdadero.
Si callo, soy embustero;
si hablo, soy hablador;
poco soy para el señor,
mucho para el mercader.
Esta es la justicia
que mandan hacer.

　He sufrido demasiado
por medrar a lo marido,
y los que me han despreciado
son los que se han enojado
de lo que les he sufrido.
Si me quejo, soy temido;
si no me quejo, no soy;
si doy, pierdo lo que doy,
y si guardo, es no tener.
Esta es la justicia
que mandan hacer.

Dicen que soy temporal
si al poderoso me humillo;
si con él me muestro igual,
viene a ser mayor el mal
de presumir competillo.
Si al hablarle me arrodillo,
me riñe y lo llama exceso;
si derecho le hablo y tieso,
oye y no me puede ver.
Esta es la justicia
que mandan hacer.

Si alguno pretende hacer
mal y codicia malsines,
y yo me voy a oponer,
los buenos se hacen ruines
porque sobre en qué escoger.
Malo aun no soy menester,
y es mi desdicha mayor
que otro parezca peor
sin que otro lo pueda ser.
Esta es la justicia
que mandan hacer.

[*Parnaso*, 333]

LOS NADADORES

Salen dos mujeres bailando y cantando.

El que cumple lo que manda,
anda, anda, anda, anda.
Quien de ordinario socorre,
corre, corre, corre, corre.
El que regala y no cela,
vuela, vuela, vuela, vuela.
Quien guarda, cela y enfada,
nada, nada, nada, nada.

Músicos

Al agua, nadadores;
nadadores, al agua;
alto a guardar la ropa,
que en eso está la gala.
En el mar de la corte,
en los golfos de chanzas,
donde tocas y cintas
disimulan escamas,
es menester gran cuenta
porque a veces se atascan
en enaguas y ovas
nadadores de fama.
Tiburón afeitado
anda por esas plazas,
armado sobre espinas,
vestido sobre garras.

Acuéstanse lampreas,
sirenas se levantan,
son mero en el estrado,
son mielgas en la cama,
    ya congrio con guedejas,
delfín con arracadas
que pronostican siempre
al dinero borrascas.
    Veréis unas atunes
cargadas de oro y plata,
con mantos de soplillo,
vendiendo las ijadas.
    Tapadas de medio ojo
cada punto se hallan
abadejos mujeres
arremedando caras.
    El rico es el bonito,
el pobre es la pescada,
las truchas son las hijas,
las madres son las carpas.
    Merluzas son las lindas
y por salmón se pagan,
comedlas como pulpos:
azotes son su salsa.
    Ballenas gordiviejas,
corto cuello y gran panza,
muchachuelos sardinas
de ciento en ciento tragan.
    Guárdese todo el mundo
porque quien no se guarda
se le comen pescados

con verdugado y sayas.
Los amores, madre,
son como güevos:
los pasados por agua
son los más tiernos.
	Leandro en tortilla,
estrellada Hero,
los pobres perdidos,
los ricos, revueltos,
	los celosos, fritos,
asados los necios,
los pagados dulces,
los sin blanca güeros.
El amor es nadador
desnudo y desnudador.
El amar es, pues, nadar,
desnudar y desnudar.
Al agua no la temen
ni mis brazos ni espaldas,
mi gaznate está solo
reñido con el agua.
	Yo soy pez de la bota,
yo soy tenca de Illana,
y soy el peje Osorio
y el barbo de la barba.
	De Sahagún soy cuba,
de San Martín soy taza,
soy alano de Toro,
y soy de Coca marta.
	Soy mosquito profeso,
soy aprendiz de rana,

de taberna y de loco
tengo el ramo que basta.
   Zambúllete, chiquilla,
que por chica y delgada,
pasarás por anchova
para las ensaladas.
   ¡Oh cómo se chapuzan!
¡Qué sueltos se abalanzan!
Y con el rostro y brazos
las corrientes apartan.
   Ya nadan de bracete,
ya solo un brazo sacan,
ya como segadores
cortan la espuma blanca.
   De espaldas dan la vuelta,
hechos remos las palmas,
la vuelta de la trucha
es la mejor mudanza.
   Llegan al remolino,
juntos los arrebata,
las ollas se los sorben,
las ondas los levantan.
   Cuatro bajeles vivos
parecen en escuadra,
que al Amor, que los lleva,
le vienen dando caza.
   Ahogóse el cuitado:
salada muerte traga;
a coces y a rapiñas
a la orilla le sacan.
Si a nadar

otra vez entrare en el mar,
aunque todos me embelequen,
las tabernas se me sequen
y se me llueva el tragar.
La que nada con poeta,
con mancebito veleta,
bailarín de castañeta,
godo y peto y todo trazas,
nadará con calabazas.
La que nada con mirlados,
carininfos y azufrados,
necios, pobres y hinchados,
nonada entre cuello y ligas,
esa nada con vejigas.
La que nada con pelones
y trueca dones en dones,
el paseo por doblones,
la cadena por la soga,
esa nadando se ahoga.
Los amores, madre,
son como güevos:
los pasados por agua
son los más tiernos.
Leandro en tortilla,
estrellada Hero,
los pobres perdidos,
los ricos revueltos,
    los celosos fritos,
asados los necios,
los pagados dulces,
los sin paga güeros.

[*Parnaso*, 390]

Procedente de la aristocracia cortesana, patizambo, pero excelente espadachín, **Francisco de Quevedo** (Madrid, 1580 – Villanueva de los Infantes, 1645) combinó durante sus años universitarios en Alcalá de Henares el ardor por los estudios con una disipada vida estudiantil no exenta de polémicas y picaresca. Poseedor de un ingenio y una cultura extraordinarias, defensor de la ortodoxia católica y los valores típicos del Siglo de Oro, destacó muy pronto en la vida literaria española. Armado con sus enormes y redondas gafas (llamadas todavía hoy *quevedos*), cobró fama en la corte tanto de Valladolid como de Madrid, y fue hombre orquesta del duque de Osuna, con quien supuestamente urdió un golpe de Estado en Venecia. Sin pelos en la lengua, su militancia y denuncia de la corrupción le costó años de destierro y cárcel, y terminó solo y desengañado, retirado en la Torre de Juan Abad. De obra abundante, tradujo la Biblia y a los clásicos latinos, y escribió desde novela picaresca (*El Buscón*) y tratados ascéticos o teleológicos (*Política de Dios y gobierno de Cristo, Vida de San Pablo Apóstol*), hasta opúsculos políticos y escritos moralistas (*La cuna y la sepultura*). Con todo, lo que hoy más perdura es su poesía, recopilada por primera vez en *El Parnaso español y musas castellanas* (1648).

«En fuga irrevocable huye la hora»

PpQ

Ahora que ser joven no parece invitar a la aventura de leerlos, ni ser mayor a la de revisitarlos y reconocerse en ellos, *Poetas para Qué* cede la palabra a los clásicos, que no lo son, como diría Joan Fuster, por antiguos, sino porque siguen siendo modernos. Ahora que la industria de guerra multiplica su producción, *Poetas para Qué* refuerza el poder pacificador de la palabra poética. Cada volumen de la colección ofrece la obra esencial de un poeta clásico acompañada de la lectura personal de un poeta contemporáneo. En un mundo sin rumbo, la poesía española, ese continente siempre por descubrir, merece más que nunca la mirada exploradora del lector. *Poetas para Qué* aspira a contribuir, no tanto a «quitar el polvo a los clásicos», liberándolos de formalidades académicas, como a contrarrestar la insensibilidad que amenaza su transmisión a las próximas generaciones.

MIGUEL DE UNAMUNO **José Luis Gallero**

ANTONIO MACHADO **José María Parreño**

JUAN RAMÓN JIMÉNEZ **Julia Castillo**

ROSALÍA DE CASTRO **Begoña Paz**

FRANCISCO DE QUEVEDO Lucas Martí Domken

CÉSAR VALLEJO **Alan Smith Soto**

MIGUEL HERNÁNDEZ **Javier Mateo**

GARCILASO DE LA VEGA **Ana María Cuervo de los Santos**

JOAN VINYOLI **Vicenç Altaió**

FEDERICO GARCÍA LORCA **María Isabel Cuena**

UXÍO NOVONEYRA **Branca Novoneyra**

JUAN DE LA CRUZ **Gonzalo García Pino**

SALVAT-PAPASSEIT **Manuel Guerrero Brullet**

JUANA INÉS DE LA CRUZ **Esther Ramón**

POESÍA VISUAL HISPANA **Javier Arnaldo**

CANTIGAS DE AMIGO **Nacho Fernández Rocafort**

LUIS DE GÓNGORA **Mar García Lozano**

MIGUEL ÁNGEL ASTURIAS, MACEDONIO FERNÁNDEZ,
ELENA GARRO *y otros poetas tapados
por su propia obra* **Daniel Bolado**

JOSÉ MARTÍ **Jesús Cañete**

ALONSO QUESADA **Juan Manuel Bonet**

RUBÉN DARÍO **Rodrigo Buenaventura**

KONSTANTÍNOS KAVÁFIS **Carlos Eugenio López**